Vols ser el nòvio de la meva germana?

PREMI EDEBÉ DE LITERATURA INFANTIL

Maite Carranza

Vols ser el nòvio de la meva germana?

PREMI EDEBÉ DE LITERATURA INFANTIL

edebé

Obra guanyadora del Premi EDEBÉ de Literatura Infantil, segons la resolució del Jurat, compost per Ricardo Alcántara, Pep Duran, Victòria Fernàndez, Esperança Nova i Roberto Santiago. Ha actuat de secretària, sense veu ni vot, Mercè Arànega.

www.maitecarranza.com

Passeig de Sant Joan Bosco, 62
08017 Barcelona
www.edebe.com

Directora de la col·lecció: Reina Duarte
Disseny de les cobertes: César Farrés
Il·lustracions: Jordi Sempere

8a edició

ISBN 978-84-236-8183-9
Dipòsit Legal: B. 28492-2009
Imprès a Espanya
Printed in Spain
EGS - Rosari, 2 - Barcelona

A la Rosa, la més autèntica.

Índex

1
Quin pal! Jo no hi vinc!

Demà comencen les vacances de totes les ciutats del món, i la meva família i jo serem els primers barcelonins que sortirem cap a l'autopista i arribarem a Martorell.

Això és el que ha dit el papa, i el papa de petit sempre era el primer en tot.

Jo no, jo mai no sóc la primera per culpa de l'Antonieta Vilaplana, que diu que és la meva amiga perquè estiuegem juntes, i que guanya tots els premis de l'escola. Amb l'Antonieta no tinc cap oportunitat de guanyar ni una ronya de capsa de retoladors. La coneixen tots els jurats de tots els premis del planeta i encara que em *curri* un dibuix fins que em surti sang del dit i el presenti als antípodes, allà hi és l'Antonieta Vilaplana caminant de cap per avall i sortint a la foto.

Si el papa vol que arribem els primers, haurà de conduir la mama. La mama corre la tira, agafa els revolts sense frenar, toca la botzina i insulta els altres conductors per desmoralitzar-los. Amb la mama guanyem de carrer. Té molts fans. Els meus amics diuen que és una passada i sempre volen anar amb el nostre cotxe, encara que vomitin, perquè és com pujar al Dragon Khan sense pagar entrada ni fer cues.

Ho va descobrir el Pastanaga aquest hivern, un vespre que la mama ens va anar a buscar a una festa i, com que era molt tard i no hi havia guripes, es va saltar tots els semàfors de la Diagonal. El Pastanaga al·lucinava per un tub i, entre frenada i frenada, em va demanar si em volia casar amb ell. El Pastanaga és així: es penja de la mama perquè condueix d'infart i, al cap de dos segons, ja es vol acoblar a la meva família fent-se passar pel meu nòvio. Em va semblar una mica fals i li vaig contestar que no. El Pastanaga, que és molt sensible, es va pensar que li deia que no per les dents de conill —per això li diem Pastanaga— i, com que sóc bona persona, em va fer pena. Li vaig prometre que, quan es morissin els seus pares, l'adoptaríem i així seria el fill de la mama que, al cap i a la fi, era el que li molava. Es va posar tan supercontent que va convèncer els seus pares de llogar un apartament a Torredembarra, com nosaltres, per veure'ns més sovint i així anar-se acostumant a la seva futura família. Això no ho va dir als seus pares perquè és molt lleig, però ho va dir a l'Antonieta Vilaplana, que va ser pitjor perquè li va muntar un sarau. Aquest estiu el Pastanaga i jo estiuejarem junts encara que l'Antonieta Vilaplana —que diu que és la meva millor amiga— es mori de gelosia.

Jo no sóc gelosa i no m'importa que el Pastanaga vulgui ser el meu germà. El que ell no calcula és que també serà el germà de la Sònia i que s'emportarà la meitat dels bolets que sempre em toquen a mi sola. Jo tinc onze anys i, que jo recordi, la Sònia em maltracta des que vaig néixer. Fa onze anys que em maltracta dia i nit, però no la fiquen a la presó perquè és una menor i no li poden fer un judici, com als nazis, per torturar persones innocents. Si ens maltractés al Pastanaga i a mi, ens maltractaria a mitja jornada cadascun, o sigui que ens mig maltractaria i jo hi sortiria guanyant. Vés a saber, potser els pares del Pastanaga s'ofeguen a la platja aquest estiu, i el pobre Pastanaga i jo acabem sent germans. Dic *pobre Pastanaga,* perquè ell és fill únic i no sap el que és ser germà de la Sònia.

La iaia, que s'enrotlla molt i sap moltes coses de quan jo encara no existia, em va dir que això de la Sònia no és genètic, que abans era normal i que, fins i tot, era simpàtica. Algú s'imagina la Sònia simpàtica? Jo tinc molta imaginació, molta, sempre que no sé una paraula me la imagino, sobretot en anglès. Em puc imaginar els nens troglodites pintant les parets de la cova mentre la mama troglodita cuinava un dinosaure i em puc imaginar l'Antonieta Vilaplana perdent un concurs de poesia i... milions de coses increïbles, però mai no tindré prou imaginació per imaginar-me la Sònia simpàtica.

Aquesta nit, quan el papa ha dit això de ser els primers a arribar al peatge de Martorell, jo m'he emocionat i he començat a pensar en els premis, l'Antonieta i el Pastanaga, però la Sònia ha llançat la cullera contra el plat, perquè se sentís ben fort, i ha dit:

—Llevar-me a aquesta hora? Quin pal! Jo no hi vinc!

Per què? Per què sempre que a mi em fa il·lusió alguna cosa la Sònia llança la cullera i diu «quin pal! Jo no hi vinc!»? Per què només de mirar-me ja sap el que em fa il·lusió i per això sempre diu «quin pal! Jo no hi vinc!»? Per què no vol venir a l'Acqua Park o al Tibidabo o a veure una pel·li del Pokémon? Per què en els drets humans dels nens no hi ha res escrit sobre les germanes grans que diuen «quin pal! Jo no hi vinc» per fer desgraciats els seus germans petits? Però aquest cop s'ha passat de llesta, i el papa li ha pres la paraula.

—Molt bé, no vinguis. Jo em quedo molt tranquil.

M'he posat supercontenta i m'he solidaritzat amb el papa.

—Jo també em quedo molt tranquil·la.

Però, amb mi, s'hi atreveix.

—Tu calla, idiota.

És increïble com la Sònia pot anar dient *idiota* als menors d'edat sense que la processin. Però ningú no la sent. Només la sen-

to jo. Potser m'ho imagino de tant sentir-la. Deu ser perquè tinc tanta imaginació... Però jo no he volgut callar perquè, si callo un cop, s'acostumarà a fer-me callar sempre que diu «tu calla, idiota» i hauré begut oli.

He dit que sense la Sònia seríem una família gairebé feliç i que deixar la Sònia a casa era la millor idea que havien tingut mai i que no entenia perquè els pares de l'Antonieta Vilaplana es podien divorciar i jo no em podia divorciar de la meva germana... Però, quan ja m'estava ofegant i he callat una mil·lèsima de segon per prendre aire..., m'han dit que callés i que me n'anés al llit.

Des del llit els he sentit discutir. Com sempre. El papa deia que si no ens llevàvem a les tres de la matinada, tots els altres conductors del món ens passarien al davant i col·lapsarien l'autopista. La Sònia cridava que ella no era una matada i que, si el primer dia de vacances s'havia de llevar a les tres de la matinada, es posaria de molt mal humor tot el mes, perquè llevar-se a les tres de la matinada als catorze anys és antinatural. I que ella era una adolescent i que les adolescents no poden controlar el mal humor ni les ganes de plorar que ja li estaven venint des de feia estona.

A mi m'ha fet molta ràbia. Des que un dia en una xerrada a l'escola li van dir que era una adolescent —que és una cosa així com tenir angines— sempre que pot s'aprofita i deixa anar que ella és una adolescent.

M'he tapat les orelles amb el coixí. Estic farta de sentir totes les nits de la meva vida la Sònia i de saber que per culpa seva no podem ser una família d'aquestes de les pel·lícules que canten al cotxe, expliquen acudits i riuen molt.

Sé que sense la Sònia podríem arribar els primers a Martorell, adoptar el Pastanaga i veure la tele a les nits tots quatre al mateix sofà. Amb la Sònia això és impossible: vol el sofà per a ella sola, ens tanca la tele i es posa a parlar per telèfon amb les seves amigues que són tan desgraciades com ella.

M'he posat a imaginar coses boniques que és el que sempre faig quan no vull pensar en la Sònia.

M'he imaginat que érem a la platja i que el papa llogava un patí aquàtic, com quan era petit i les platges eren platges desertes. La Sònia, és clar, deia «quin pal! Jo no hi vinc», i aleshores el Pastanaga, que passava per allà per casualitat, deia «ja hi vinc jo».

Era fantàstic: la mama, el papa, el Pastanaga i jo pujàvem al patí aquàtic, i el papa començava a parlar de com n'era, de feliç, en la seva infantesa feliç, quan menjava sardines crues i s'esgarrinxava les cames amb plantes selvàtiques i saltava barrancs amb la bicicleta. Mentre parlava, s'emocionava i li queia la llagrimeta; no s'adonava que la mama havia anat dient cap aquí i cap allà i quan el papa preguntava «on som?» ja era massa tard i ens havíem perdut a la Mediterrània. La mama, d'orientació, ni pum; però sempre opina i sempre s'equivoca. I navegant, navegant arribàvem a una illa deserta i ens convertíem en nàufrags.

La mama no havia de treballar i podia anar amb biquini sense que la critiqués la Vilaplana mare, que és una tafanera que ho xerra tot; el papa s'esgarrinxava les cames i feia trampes per caçar animals, com els indis que encara vivien quan ell era petit; el Pastanaga era el fill adoptat de la nàufraga de la mama, i jo m'oblidava de la Sònia...

M'he adormit somiant que era una nàufraga feliç fins que he sentit una veu que venia de les profunditats del somni. Se m'han posat els pèls del clatell de punta.

—Alíííícia! Alíííícia.

L'Alícia, és clar, sóc jo. Però m'he fet la sorda.

—ALÍCIAAAAAA!!!

Era la veu de la Sònia. Quines penques! S'havia colat en el meu somni sense demanar-me permís.

—Hola, Sònia, ara tens el sofà per a tu sola.

—Jo també vull ser una nàufraga.

És una envejosa. Sempre m'ha tingut enveja perquè jo tinc els ulls blaus, com el mar, i ella, no.

—Has dit que et feia pal pujar al patí aquàtic.

—He canviat d'opinió.

És la seva especialitat, canviar d'opinió cada mig segon. M'he posat *xula.*

—*Xinxa't,* xinxeta.

Jo en els somnis sóc molt valenta, però la Sònia és una podrida.

—Ah sí? Doncs us rescataré.

És ben capaç.

—No pots, estem perduts i ningú no sap on som.

Potser cola.

—I un be negre! Jo ho sé tot.

Quan la Sònia diu que farà una cosa, la fa. Al cap de no res he sentit un soroll de mil dimonis, he aixecat el cap i he vist centenars d'helicòpters sobrevolant l'illa deserta on jo era feliç. I he sentit la veu cridanera de la Sònia.

—Són aquí! Són aquí!

La molt xivata ens estava assenyalant. Els helicòpters ens han il·luminat amb uns focus molt potents, i la Sònia ha baixat per una escala de corda dient.

—M'heu fet molt desgraciada. Per culpa vostra m'he *traumat!*

Ha estat un malson tan horrorós que he fet un bot i he obert els ulls de cop. I... no pot ser... L'he sentida. La sento. Estic sentint la Sònia. I ara estic desperta.

—M'heu fet molt desgraciada.

No és cap originalitat, és el que diu sempre.

La Sònia està cridant i la sento encara que em tapi les orelles. Diu que ella voldria ser una noia alegre i normal, però que no pot, no ho pot ser, perquè no és rossa ni té els ulls blaus i no és estrangera i que això és un estigma —que no sé el que vol dir— i que cap noi no vol ser el seu nòvio, perquè no és rossa, no té els ulls blaus i no és estrangera.

La mama està cansada. Ho noto perquè no està histèrica i, quan no està histèrica, és que està cansada que són les dues coses que li passen quan discuteix amb la Sònia. Diu que compadeix el pobre noi que sigui el seu nòvio, però que, quan tingui nòvio, es quedaran tots molt descansats.

Jo em vaig quedar molt descansada un cop que em van treure una punxa que tenia al dit gros del peu. L'Antonieta Vilaplana em va dir que m'haurien de tallar el peu, perquè a un cosí seu li havia passat el mateix i se li havia infectat la punxa i se li havia posat el peu negre i l'hi havien tallat. Però a mi no, perquè m'han vacunat molt. Em van treure la punxa a l'ambulatori i aquella tarda vaig fer dos gols al partit de futbol contra els de quart.

Si la Sònia tingués un nòvio, seria com si em traguessin una punxa. Em quedaria molt descansada.

M'he tornat a adormir i he somiat que la Sònia tenia un nòvio que s'assemblava al Pastanaga, però en gran. Era molt bon xaval i li ho aguantava tot. Quan li deia «tu calla, idiota», callava. Quan li deia «surt del sofà que és meu», sortia. I quan es posava de mala lluna i li fumia una cleca, l'encaixava. El nòvio feia cara de nòvio i, com que era molt bona víctima, la Sònia s'oblidava de mi.

Aleshores s'acabaven els meus problemes i em sentia molt DESCANSADA.

Era tan feliç que no he sentit el despertador a les tres de la matinada. No l'ha sentit ningú, ni tan sols el papa —que sempre era el primer, de petit— i que volia ser el primer a arribar al peatge de Martorell.

Ens hem despertat a les deu, o sigui, que ja no serem els primers. No m'importa que el primer cotxe que hagi arribat al peatge de Martorell sigui l'Opel Kadett de l'Antonieta Vilaplana i que l'hagi rebut una banda de músics per ser la primera família de Barcelona que començava les vacances.

A la Sònia, sí. Resulta que havia quedat amb una amiga a les nou per anar a la platja i ha fet tard i torna a estar de mal humor perquè li hem esguerrat el primer dia de vacances.

Quan li he preguntat quina mena de nòvio li agradaria tenir, m'ha contestat:

—Tu calla, idiota.

No m'ha donat gaires pistes, però no m'he desanimat.

Tinc un mes per trobar-li un nòvio. Si no ho aconsegueixo, em tallo el peu —que diu l'Antonieta que no fa mal perquè al seu cosí no li va fer mal— i em caso amb el Pastanaga.

Paraula.

2
Qui mira la tele?

Hem sortit a la tele!

És fantàstic! Sóc la segona nena de la meva escola que surt a la tele... Per què mai no puc ser la primera?

Se'm va avançar el Perri de quart que es va fer famós i va sortir a un programa de famosos. No té mèrit, perquè qui era famosa era la seva mare que va tenir sis fills de cop —d'aquests que són fets al laboratori— però ell es va acoblar a la famosa de la seva mare i va sortir a la tele el dia que van convidar tota la família a un programa d'una presentadora que també era famosa perquè va copiar un llibre sencer i va dir que se l'havia trobat dins l'ordinador.

Quan la presentadora li va preguntar si li feia il·lusió tenir sis germanets, el Perri va contestar que no, que era un rotllo, i el seu pare, que és molt bèstia, li va fúmer un clatellot davant de les càmeres. El Perri no va plorar, però els seus sis germans es van posar a plorar alhora. Ho juro. Va ser automàtic. Com si tinguessin telepatia amb el Perri. Al Perri li van pujar els fums i es va inventar que tenia poders i que, si li feien un gol al pati, els seus sis germans bramaven automàticament. Ho deia en una entrevista de la revista de l'escola.

No calia que s'inventés aquesta bola dels poders, sense els poders ja era famós. Tan famós que ens van passar el programa a una classe de socials i tots cridàvem «Peeerri, Peeerri!!» i, al final de la classe, el Perri va haver de venir a saludar i firmar autògrafs.

Ara m'hauran de fer una entrevista a mi. Jo sóc la segona nena de la meva escola que surt a la tele. La Sònia no compta perquè va a l'institut.

Ha estat per les bicis. Vull dir que hem sortit a la tele gràcies a les bicis. La mama no les volia dur. Deia que els nens d'ara ja no van amb bici i que les bicis són una nosa i que ella no pensava pujar-hi i que, al papa, li faria mandra anar a buscar el pa cada dia amb la bici i l'únic que farien les bicis seria destorbar.

Però el papa —que sempre recorda els estius de quan era petit plens de carros i bicicletes i de famílies berenant i nenes cantant— ha dit que ell s'enduia les bicicletes petés qui petés. I ha petat la seva.

Quan hem arribat al peatge de Martorell, feia tantes hores que érem a l'autopista que ningú no recordava que dúiem les bicicletes a sobre, el papa tampoc, és clar, i per això s'ha ficat pel carril que no li tocava i quan ha anat a pagar... Patapum! La seva bicicleta, que és la més alta, ha xocat contra la barrera de dalt —que no sé per què la posen— i ha caigut contra el capot del cotxe del darrere.

El conductor de l'altre cotxe ha sortit fet una

fúria i aquí ha començat el sarau. Uns càmeres de la televisió —que estaven filmant les cares de fàstic dels conductors— ens han enxampat en plena gresca, quan el conductor del cotxe del darrere estava a punt d'escanyar el papa i nosaltres el defensàvem cridant.

Ens han fet un reportatge i han dit que, de moment, havíem protagonitzat l'episodi més emocionant de l'operació sortida d'avui. Ens han promès que sortiríem al Telenotícies del migdia i, mentre ens filmaven, he aprofitat per colar que la meva germana es deia Sònia i que estiuejàvem a Torredembarra. Però no m'ha donat temps a donar el número de telèfon de casa perquè, a mitja entrevista, els han avisat d'una pinya que hi havia hagut al pont de Molins i han sortit cagant llets.

Ha estat una llàstima.

De segur que, el Telenotícies, el veuen milions de persones.

Nosaltres no, perquè érem a l'autopista, però els altres milions que han sortit abans que nosaltres —l'Antonieta Vilaplana la primera de tots— de segur que sí. Com al Perri, que el va veure tot Barcelona i tot Catalunya i tot Espanya i que el paraven pel carrer i li regalaven ous Kinder a les botigues.

La pega ha estat que la Sònia, que sempre vol *xupar* càmera i sortir a les fotos, s'hagi amagat darrere la mama perquè ha dit que era una *cutrada* això de sortir a la tele en un lloc tan *cutre* com el peatge de Martorell per culpa de la *cutrada* de la bici del papa. I que tots els seus amics es fumerien d'ella quan la veiessin amb el Toledo ronyós carregat de bicicletes com si fóssim la família Ingels de *La Casa de la Pradera*.

El Pastanaga m'ha dit que he quedat molt bé, molt natural i molt simpàtica. El Pastanaga no és de fiar, perquè és un interessat. Vol ser amic meu perquè l'adopti la mama i flipar amb el cotxe. No és sincer. L'Antonieta Vilaplana sí que és sincera i m'ha dit que hem quedat bastant histèrics. D'entrada m'ha fet ràbia. Jo no sóc histèrica; la histèrica és la mama. Però després he pensat que sí, que tenia raó, que quan han vingut els de la tele estàvem tots cridant per animar el papa.

Són els únics moments de la nostra vida que semblem una família de debò. Cridant. Ens sentim molt units. Sempre que ens prenen un aparcament cridem tots des de la finestra del cotxe. A la mama, no l'hi prenen mai, perquè és més ràpida; però aparcar amb el papa vol dir cridar cada tres minuts. Al final també cansa i, quan el papa s'adona que estem cansades de cridar, el fica dins d'un pàrquing.

Jo no m'he pogut veure, però, si el Pastanaga i l'Antonieta m'han vist, vol dir que m'ha vist tota la classe i que quan torni em demanaran que els firmi autògrafs. Estic contenta i, si no fos pel papa, pensaria que és un primer dia de vacances rodó. Molts nois de tot el món han vist la Sònia i saben que estiueja a Torredembarra. Potser tenen curiositat i la vénen a veure per conèixer algú que ha sortit a la tele.

El papa està molt fumut. Per a ell la bici significa molt i un estiu sense bici és com un estiu sense patates fregides. Diu que s'ha trencat el quadre. La mama, que tot i que és una histèrica, és bona persona, li ha ofert la seva. Ho ha dit de bon rotllo, jo ho he sentit, però el papa s'ho ha pres fatal. S'ha ofès. No sé perquè, però s'ha ofès. Ha dit que ell no duia calces, que duia calçotets, i la mama li ha contestat que era un masclista.

No veig en què s'assemblen una bicicleta i unes calces. Deuen ser coses del papa que, com que no ha tingut fills, s'ha traumatitzat amb les calces i sempre diu que l'ofeguem amb tantes calces i que està tip de veure calces pertot arreu.

Un dia, perquè estigui content, li diré que em regali uns calçotets i me'ls posaré. En comptes de dur floretes, duen Piolins, però jo no tinc manies. Sóc bona persona, com la mama.

A l'apartament s'ha acabat el butà a mig fer la truita de patates i la mama s'ha enfadat amb els de juliol perquè eren uns garrepes que s'han estimat més menjar fred la darrera setmana que canviar la bombona.

Els de juliol sempre tenen la culpa de tot. Si el vàter s'embussa, són els de juliol; si la bombeta està fosa, són els de juliol; si falten gots, són els de juliol. Quan la mama ha obert la nevera —per veure què hi havia, per si de cas hi havia alguna cosa comestible—, ha trobat tres pots de mostassa i dues llaunes de mantega de cacauet encetades. S'ha empipat més i ho ha llançat tot a les escombraries dient «de juliol havien de ser».

Jo tinc molta curiositat per conèixer els de juliol. Si estic avorrida, m'imagino que sóc una nena de juliol, una nena porca que embussa els vàters, fon les bombetes, s'acaba les bombones de butà, trenca gots i menja marranades. Quan sigui gran, em faré de juliol: llogaré el mateix apartament que l'Antonieta Vilaplana i la deixaré sense butà, sense gots i sense bombetes.

La Sònia s'ha posat a plorar. Ha dit que volia plorar des de feia molt temps i que no li sortia, però que això de quedar-se amb la truita de patates a mig fer era massa fort, que l'única cosa que li feia il·lusió, en un dia tan fastigós com avui, era menjar truita de patates. El papa ha passat de la Sònia i ha dit que, mentre no arribés el butà, ell baixava al bar L'anxova a cruspir-se un bocata de botifarra. La mama i jo ens hem apuntat, i hem deixat la Sònia plorant.

En sortir al carrer, el papa ens ha fet ensumar a la mama i a mi l'aroma del mar —una olor com de benzina crua— i ha respirat fins que s'ha posat de color blau i ha començat a tossir. Al bar, s'hi ha passat tota l'estona parlant de com n'és, de bona, la botifarra dels pobles, el tomàquet dels pobles i el pa dels pobles.

El meu pare està traumatitzat, perquè sempre va voler ser un nen de poble i per això, quan arriba al poble s'emociona, es recorda de la seva infantesa feliç i no calla. A mi m'agrada quan el papa xerra i xerra —la Sònia no el deixa mai—, però just quan començava a enrotllar-se ha aparegut la Sònia amb els ulls vermells i molt ofesa, perquè l'havíem deixat sola en un dels pitjors moments de la seva vida.

Resulta que som uns insensibles perquè ella no plorava per la truita de patates, plorava perquè la seva ÚNICA amiga —que és de juliol— marxava i ella es quedaria tot l'agost sola i marginada en un poblatxo avorrit. La mama li ha dit que no era endevina i que, si no deia les coses..., com volia que les endevinés? I la Sònia li ha respost que l'obligació de les mares era entendre les seves filles encara que no diguessin les coses. La mama s'ha quedat planxada i aleshores la Sònia, aprofitant el desconcert, m'ha gorrejat el meu bocata de botifarra i ha dit que volia un biquini blanc.

He protestat, he protestat molt fort, jo tinc dret a un *body board* abans que la Sònia es compri el seu tercer biquini, però la Sònia m'ha donat una puntada de peu per sota la taula —de les que no es veuen— i m'ha fulminat amb la seva frase típica:

—Tu calla, idiota!

El pitjor no és que la Sònia em maltracti davant de tothom i que no la fiquin a la presó. El més horrorós és que li han comprat el biquini, i jo m'he quedat sense *body board*.

He esperat tot el dia que algú saludés la Sònia, perquè l'havia vist a la tele. Res de res. Qui mira la tele a l'estiu? Potser els únics espectadors són l'Antonieta i el Pastanaga. Ni el xaval del bar, ni el noi del quiosc, ni el cec de la loteria han reconegut la Sònia com la noia de les bicis del Toledo. El cec té una excusa, però els altres... Començo a estar preocupada de debò... Hi ha algú al món capaç de fixar-se en la Sònia?

Com li trobaré un nòvio? Necessito algú que m'ajudi.

Necessito un còmplice!

3
El meu còmplice

El Pastanaga m'ha promès que seria el meu còmplice fins a la mort, però s'ha empatollat que havíem de barrejar la sang per firmar un pacte de silenci.

He trobat un *casco* de Xibeca trencat i l'hi he donat perquè es punxés, però m'ha dit que no, que em punxés jo primer perquè el secret era meu. Li he dit que no calia tanta mandanga, però s'ha posat *tonto* i s'ha encaparrat que, si no hi havia sang, no valia, i que, sense sang, seria un secret sense importància i que els secrets sense importància s'escapaven sense voler i que un secret important bé es mereixia una sagnada.

M'ha convençut, m'he tallat el dit amb el vidre de la Xibeca i ell s'ha marejat.

El Pastanaga és un bon còmplice, però no aguanta res. El molt gallina s'ha posat a córrer i a dir que no estava vacunat. Mentida podrida perquè ens van vacunar junts a l'escola.

L'Antonieta Vilaplana ens ha descobert empaitant-nos, s'ha pensat que jugàvem al joc dels assassins i ha deduït que la víctima era el Pastanaga i que no es volia deixar matar. L'Antonieta m'ha pres el vidre i, amb un xiscle molt autèntic, que feia gelar la sang de les venes, ha atacat el Pastanaga i ha fet la feina bruta.

L'Antonieta, que és molt sincera, ha dit que ella és una sanguinària i que la seva mare està preocupada per si té un gen de criminal per part de pare. Una cosina seva tenia un gen de lladre i per això pispava les gomes a l'escola.

El Pastanaga i jo hem firmat el nostre pacte de sang gràcies al gen sanguinari de l'Antonieta.

L'Antonieta se'ns ha enganxat com un xiclet i no ens ha deixat explicar-nos el secret.

Jo no volia que l'Antonieta fos còmplice, la mama sempre diu que la Vilaplana mare és una xafardera i que ho xerra tot.

Li he donat l'excusa que jo i el Pastanaga havíem d'anar a posar-nos un esparadrap —perquè ens podíem dessagnar— i que després aniríem al Caprabo a comprar amb la mama.

S'ha quedat una mica mosca.

Ja li passarà.

El Pastanaga estava superemocionat, sobretot quan ha sabut que la bola del Caprabo no era una bola sinó que era veritat, i que aniríem al del Vendrell que és més lluny que el de Torredembarra i que passa per una carretera superperillosa.

I amb tot això, jo encara no li havia explicat res de res i el pitjor era que el Pastanaga no tenia gaire interès a saber de què era còmplice meu.

L'he fet seure i l'he obligat a escoltar-me.

Li he explicat com he pogut que havíem d'aconseguir que la Sònia trobés un nòvio.

Li ha semblat un problema megacomplicat. S'ha rascat el cap, com sempre que fa veure que pensa i no pensa, i ha fet petar la llengua perquè semblés que estava buscant una solució i no la trobava. Li he dit que s'afanyés perquè la mama ens cridaria i s'estava jugant el seu futur.

El Pastanaga és un bon xaval i s'ha afanyat; ha deixat de fer comèdia i s'ha imaginat com pensaria si fos gran... Ho tenia molt clar: si ell fos gran, no voldria ser nòvio de la Sònia; voldria ser nòvio d'una estrangera rossa. Les estrangeres molen més: no se'ls entén un borrall, t'envien postals de l'estranger i no les has d'aguantar durant l'hivern.

És massa!!! La Sònia vol ser estrangera, i el Pastanaga diu que les estrangeres triomfen.

Ser rossa i parlar estranger no és tan difícil, està *xupat*. Volia fer un petó al Pastanaga, però la mama ens ha vingut a avisar, i el meu còmplice ha sortit darrere seu i fent-li la pilota li ha dit que ell es coneixia el Caprabo com si hagués nascut en una prestatgeria i que podia trobar els macarrons i els espaguetis amb els ulls tancats. A la mama li ha fet gràcia —perquè sempre es perd— i li ha preguntat on eren les olives i els xampús i les patates fregides com si fos una gimcana. El pilota del Pastanaga no s'ha equivocat ni un cop i ha aconseguit el que volia, seure de copilot.

El viatge en cotxe ha estat bastant emocionant. Quan la mama està empipada, condueix més kamikaze i, com que encara no li han portat el butà i està molt enrabiada, ha entrat a les rotondes a noranta, ha avançat un parell de camions per la dreta i ha insultat un motorista carregat amb tomàquets que anava massa lent. El Pastanaga ha dit que era massa, que cada cop tenia més clar que volia que l'adoptéssim i que tenia moltes possibilitats de quedar-se orfe aquest estiu, perquè el seu pare volia llogar una moto aquàtica.

Hem omplert dos carros fins a dalt i ni la mama ni el Pastanaga s'han adonat que entremig dels formatges, els detergents i les anxoves hi havia també un pot de xampú decolorant de cabells.

La Sònia serà l'estrangera més rossa de tot Torredembarra.

Pel que fa a l'anglès no és gaire complicat. En una setmana parlarà anglès com una guiri autèntica gràcies a les cassets del papa de «Dream English». Això és el que posa a la propaganda: «Estudiï anglès sense adonar-se'n».

Són al prestatge del menjador. El papa és tan masoca que se les emporta cada estiu i les deixa en un lloc ben visible, per veure-les a totes hores i tenir molt mala consciència.

A la nit, mentre la Sònia s'emprovava el biquini blanc a l'habitació, i la mama jurava que si li portaven la bombona de butà aquella nit deixava de fumar, he buidat el pot de xampú normal i l'he omplert del decolorant.

Quan la Sònia s'adormi amb el walkman posat, li canviaré la cinta d'Estopa per la cinta de «Dream English» i aprendrà anglès sense adonar-se'n. Està *xupat*.

De bon matí hi ha hagut moltes sorpreses.

La primera és que la mama ha deixat de fumar, perquè van portar la bombona de butà a les onze i quaranta-tres minuts de la nit. El papa deia que no calia que s'ho prengués tant al peu de la lletra i que per disset minuts de no-res no calia esgarrar-li les vacances. Però la mama tretze són tretze, que ho havia dit i que ho faria. I ho ha fet. Ha trencat dos plats i ha posat una rentadora amb salfumant. El papa i jo ens hem amagat a les trinxeres morts de por. Una mare histèrica no és res comparat amb una mare histèrica que deixa de fumar. La Sònia ni pum. Estava *sobant* tan tranquil·la. M'he acostat per sentir si somiava en anglès i... segona sorpresa.

La Sònia havia canviat la casset de «Dream English» per la dels Dusminguets. És somnàmbula? Em sembla que és una mandrosa i no parlarà guiri, perquè no té cap vocació d'estrangera.

La tercera sorpresa ha estat la més forta: el papa, que s'havia amagat a la dutxa, quan la mama s'ha posat a fer coses per tenir les mans ocupades i no agafar una cigarreta, ha sortit del bany amb els cabells decolorats i fet una fúria. S'ha tornat ros perquè s'ha rentat el cap amb el xampú de la Sònia. El papa no s'ho podia creure i volia anar al Caprabo per posar-los una denúncia i aleshores ha vingut la quarta sorpresa.

La mama per convèncer-lo que el ros li quedava de conya s'ha solidaritzat i s'ha decolorat els cabells ella.

La cinquena i última sorpresa ha estat la Sònia. S'ha llevat, ha vist el papa i la mama rossos i ha xisclat. Ha dit que era pitjor que una pel·lícula de terror, que no hi havia cosa més terrorífica que uns pares tenyits, que la *cutrada* més gran del món era la gent tenyida i que abans morta que tenyida i abans morta que filla d'uns tenyits.

Jo he pensat que era magnífic això de tenir un còmplice, sempre li pots donar les culpes.

El Pastanaga em sentirà.

4
Tonteries amb majúscula

L'Antonieta Vilaplana té un *body board*. Jo i el Pastanaga, no. La Sònia té un biquini blanc. Jo i el Pastanaga, no. L'Antonieta Vilaplana té una mare separada. Jo i el Pastanaga, no. La Sònia és una adolescent. Jo i el Pastanaga, no.

Jo i el Pastanaga hi estem d'acord. No hi ha res pitjor en aquest món que passar l'estiu amb una filla d'una separada i una adolescent. Si els teus pares se separen o ets adolescent, t'ho compren tot, tot el que demanes. Dius: «M'agradaria...» i abans que hagis acabat de dir-ho ja tens un biquini blanc o un *body board* als peus del llit.

No és que jo vulgui un biquini blanc —el

Pastanaga tampoc no vol un biquini blanc—, però per culpa del biquini blanc de la meva germana adolescent jo i el Pastanaga ens hem quedat sense *body board.* I parlo en plural perquè, si jo tingués un *body board,* el compartiria amb el Pastanaga com si fóssim germans. És el meu còmplice i hem jurat amb sang que seríem còmplices fins a la mort i això vol dir compartir les cleques de la Sònia i el *body board.* A més, el Pastanaga i jo hi cabríem junts, perquè estem tan prims que se'ns veuen les costelles.

Les senyores, a la platja, sempre ens miren amb cara de llàstima. A l'Antonieta li diuen: «Oh, quin goig que fa aquesta nena», i a la Sònia li diuen: «Ja és una doneta, quin goig». A mi i al Pastanaga no ens diuen res. No s'atreveixen a dir «quin goig». Saben que si diguessin «quin goig» seria una mentida podrida i s'estimen més mirar cap a una altra banda com si no ens haguessin vist. Però jo passo de les senyores que et toquen com si fossis un panet de Viena i et claven els ulls amb golafreria, com si et volguessin fer una queixalada.

Ara, el Pastanaga i jo —els nens invisibles que no fem goig— ens hem d'arrossegar davant de l'Antonieta Vilaplana, que sí que fa goig, i demanar-li «sisplau-perfa» que ens deixi el seu *body board*. La vida és injusta.

Avui, a la platja de les barques, ha estat molt humiliant. L'Antonieta ens ha passat el seu *body board* pels morros i ens ha dit que, si volíem pujar-hi, hauríem de jugar al que ella digués. Hem jugat a robots. L'Antonieta ens donava ordres i nosaltres, com que érem robots, l'obeíem.

Jo era el robot que li servia el te, i el Pastanaga era el robot que li regava les plantes. Li he servit tretze mil bilions de tes i ella vinga a dir: «Una altra tassa, sisplau». El pobre Pastanaga ha regat les plantes de tot l'Amazones i l'Antonieta arrufava el nas i deia: «Rega-les un altre cop».

L'Antonieta, quan sigui gran, vol ser una anglesa rica amb un jardí molt gran i moltes teteres de plata per prendre te. Diu que els rics més rics del món prenen te i tenen plantes. I un be negre! Li he dit que els indis també prenen te, tenen tota una selva i són la tira de pobres. Ho vaig veure en un documental. L'Antonieta s'ha mosquejat i ha dit que ella també veia documentals i que es prendria el te amb llimona, que és com se'l prenen els rics, perquè els rics tenen llimones, i els pobres, no.

L'he cagat i m'ha tocat anar a buscar llimones al llimoner —que era una palmera sense fulles— cada vegada que la senyora volia te.

El Pastanaga, que és més pilota que jo, no ha obert la boca per si de cas, i l'Antonieta li ha deixat el *body board* abans que a mi. A mi, *xinxa't* xinxeta, m'ha fet esperar fins l'últim moment, quan ja estàvem a punt de marxar i el papa estava negre perquè s'estava socarrimant.

He pujat al *body board* i..., merda, no hi havia cap ona. Ni una. Ho juro. El mar s'ha quedat planxat. Ho ha vist tothom. Tota la platja ha vist com jo no feia cap aterrada amb el *body board* perquè no hi havia cap ona. Quan he protestat a l'Antonieta perquè els meus deu minuts no s'hi valien i em tocava una estona més, m'ha contestat que ho sentia molt però que m'havia passat el temps i que ella no era Neptú i que no tenia poders.

—L'Antonieta és una tramposa.

He xiuxiuejat a l'orella del Pastanaga. I l'Antonieta s'ha picat. Ha dit que érem uns falsos i que sempre ens estàvem dient secretets d'amagat, perquè ja sabia que teníem un secret i no l'hi volíem dir. Ella, en canvi, és molt sincera i s'ha posat a dir sinceritats: ha dit que els meus pares tenyits feien molta pena; que la Sònia era una marginada que no tenia amigues; que els pares del Pastanaga eren uns fantasmes perquè no se'ls veia mai, i que jo i el Pastanaga érem clònics, que dèiem el mateix, pensàvem el mateix i fèiem les mateixes coses. Per acabar de ser sincera del tot ha dit:

—No teniu gens de personalitat.

S'ha passat molt i he pensat a contestar-li alguna cosa molt grossa, molt desagradable, però no se m'ha acudit res. De vegades se m'acaba la imaginació.

—No t'estic amiga.

No és original, però funciona. L'Antonieta m'ha agafat el *body board* d'una revolada i ha mirat fixament el Pastanaga.

—I tu?

Li estava fent xantatge. Si no era el seu amic, es quedava sense *body board*. El Pastanaga ha dubtat. Es veu que li ha arribat al cor això que li ha dit que no tenia personalitat, però finalment, com que és el meu còmplice, m'ha fet costat i ha engegat l'Antonieta a la merda.

Hem tornat a casa força desinflats. Jo fumuda per haver-me quedat sense *body board* i el Pastanaga molt acomplexat per no tenir personalitat.

No vull veure mai més l'Antonieta, ni el *body board* de l'Antonieta ni escoltar les sinceritats de l'Antonieta, però m'hauré de passar la resta de les vacances anant cada dia a la platja de les barques i aguantant l'espectacle de l'Antonieta xalant amb el *body board* i sentint els comentaris de les senyores que diuen «quin goig que fa l'Antonieta».

És vomitiu.

Quan he entrat a l'apartament, m'he pensat que algú s'havia deixat les salsitxes a la paella. Hi havia molta fumera i feia pudor de socarrimat. Però resulta que no, que no hi havia cap paella al foc i que el que feia pudor de socarrimat i treia fum era el papa. La mama l'estava embatumant d'*after sun* i el renyava perquè no s'havia volgut posar protecció solar, i el papa deia «torna a fumar i deixa'm tranquil».

És veritat, la mama no es pot estar quieta. He anat a la cuina per explicar-li que l'Antonieta era una egoista i una tirana i m'ha dit que tot això eren *tonteries*. I mentre ho deia pelava una patata, encenia el foc, batia un ou i tallava pa. La mama em cansa. Ens cansa a tots. Sobretot quan deixa de fumar i ha de tenir les mans ocupades. Li he repetit la història de l'Antonieta per si no m'havia sentit i m'ha tornat a dir el mateix, que era una *TONTERIA* amb majúscula. Potser sí que és una tonteria. Potser quan sigui gran, no em preocuparan les *tonteries,* però com que no tinc coses importants de què preocupar-me, em preocupen les *tonteries* i no sé com treure-me-les del cap.

A l'hora de dinar han trucat al timbre i la mama, que no es pot estar quieta, ha sortit corrents a obrir la porta.

Hem sentit la veu cridanera de la Vilaplana dient que li portava una tovallola que ens havíem deixat a la platja.

La mama s'ha assegut un altre cop a taula amb cara de mala lluna i al cap de poca estona ha començat a donar cops, toc-toc, amb la forquilla contra el got. És un soroll torturador, per posar-te nerviós, i vol dir que s'acosta tempesta. Tots hem callat i hem menjat ràpid per fugir de la taula abans que explotés.

Som uns covards, però sempre que la mama es posa com una moto algú acaba rebent. Potser per culpa de qualsevol *xorrada* que hagi passat durant el dia, d'aquestes coses invisibles que només veuen les mares i que les posen de molt mal humor: trobar-se cabells a l'aigüera, la nevera oberta o... una tovallola oblidada a la platja. Estava a punt d'acabar-me el plàtan —perquè no costa de pelar i és superfàcil de menjar— quan la mama ha fet bum. Vull dir, ha explotat. Ha llançat la forquilla al terra i ha cridat ben fort:

—Estic farta!

Tots ens hem mirat acollonits. El papa s'ha aixecat, el molt gallina, i ha dit que tenia una insolació de cavall i que se n'anava a fer la migdiada. És una bola d'aquestes que colen. Si vols improvisar, no et surt; però ell s'ha estat fregint tot el matí per poder dir d'entrada, quan la mama es posés histèrica, «me'n vaig a fer la migdiada». Però quan la mama té un atac d'histèria necessita culpables o necessita públic i abans que el papa desaparegués s'ha afanyat a concretar.

—Estic farta de la Vilaplana! No la suporto!

La Sònia i jo hem deixat de mirar cap a la finestra —la sortida d'emergència per sortir volant— i ens hem quedat amb la boca oberta. El meu pare s'ha posat en plan comprensiu i li ha preguntat.

—Per què?

I la mama s'ha enrotllat com una persiana. Que si la Vilaplana ha dit que el ros li queda fatal, que si la Vilaplana li ha dit que estava més grassa, que si la Vilaplana li ha comentat que les tovalloles eren les mateixes que les de l'any passat i *bla bla bla*.

Quin morro!

Si l'Antonieta m'esclavitza, m'insulta i a més no em deixa el seu *body board* és una *TONTERIA* amb majúscula i, en canvi, si la mare de l'Antonieta, li comenta que les tovalloles són les mateixes de l'any passat —que és la pura veritat— és un PROBLEMA amb majúscula.

La mama sempre em diu: «S'ha de dir la veritat» i, quan a ella li diuen una veritat, se li entravessa.

Jo em pensava que, quan fos gran, podria sentir les veritats sense immutar-me. Que vindria l'Antonieta i em diria: «Vols que et digui la veritat?», i jo li contestaria: «Digues, digues», i ella em diria: «No tens personalitat», i jo em quedaria tan tranquil·la, perquè seria gran, i tan amigues. Però va i resulta que no que, quan sigui gran i l'Antonieta truqui a la porta de casa i em digui: «No tens personalitat», em posaré rabiosa, llançaré la forquilla al terra i em posaré a plorar i a cridar davant dels meus fills.

És penós.

Potser val més que no creixi.

Però m'ho he callat i he pensat que si no podia ser sincera, perquè la mama no suportava la sinceritat, podia ser una mica mentidera i aprofitar-me'n. I he començat a dir mentides de la Vilaplana per donar la raó a la mama i per animar-la —quan s'anima ens fa macarrons—. Tots li hem donat la raó i resulta que per primera vegada a la vida tots quatre hem estat d'acord.

És molt lleig tenir un enemic i deixar-lo com un drap brut, però és fantàstic que tota la família tingui un enemic perquè se sent molt unida, i l'enemic serveix per a una bona causa.

El papa deia que s'ha cremat per culpa de la Vilaplana; la Sònia que se li ha embrutat el biquini per culpa de la Vilaplana, i jo que al mar no hi havia ones per culpa de la Vilaplana.

De sobte m'he adonat que tots érem bones persones i que la dolenta era la Vilaplana i que com més dolenteries explicàvem de la Vilaplana més bones persones ens sentíem.

El papa ha desparat taula; la Sònia m'ha deixat un tros de sofà; la mama m'ha donat cinc euros perquè estalviés per un *body board,* i jo els he convidat a pipes.

És clar, per això els països busquen bregа amb els veïns. Totes les famílies haurien de tenir una veïna com la Vilaplana i dedicar-se una estona cada dia a deixar-la com un drap brut. S'estimarien més.

M'hauria agradat que no s'acabés mai el tema de la Vilaplana, però la meva família no té tanta imaginació com jo i al cap d'una estona ja no sabien què dir i aleshores la mama ha proposat canviar de platja per no veure la Vilaplana. En comptes d'anar a la platja de les barques anirem a la platja dels guiris que no es fiquen amb ningú perquè no *s'enteren*.

A mi m'ha semblat genial. Volia fer un petó a la mama. De retruc ha solucionat el meu problema. No veuré l'Antonieta ni el seu *body board*. El papa no ha opinat perquè no pensa tornar a la platja, però la Sònia... La Sònia ha dit la seva frase preferida.

—Quin pal! Jo no hi vinc!

Per què? Per què quan a mi em fa il·lusió, molta il·lusió, canviar de platja per despistar l'Antonieta Vilaplana ella va i m'ho esguerra?

I ja ha estat armada. La Sònia ha llançat el tovalló i s'ha tancat a l'habitació —la nostra habitació— i, quan la mama li ha dit que no n'hi havia per tant, ella ha cridat —fent veure que plorava— que no és una matada i que no pensa matar-se cada dia per anar a una platja allunyada de la civilització —total és a un quilòmetre—, i no ha deixat de gemegar fins que la mama li ha promès que aníriem amb cotxe.

La mama ha respirat alleujada. «Tot arreglat.» Però, quan jo he volgut entrar a l'habitació, la meva habitació, la Sònia m'ha tancat la porta als nassos.

El Pastanaga m'ha animat amb la seva teoria. El Pastanaga és molt teòric. Diu que, si als d'aquí els agraden les estrangeres, als estrangers els han d'agradar les d'aquí. Està claríssim.

La Sònia no és rossa ni té ulls blaus, però els estrangers —que són rossos i tenen els ulls blaus— estan farts de veure noies rosses amb els ulls blaus. O sigui que la Sònia, a la platja dels guiris, serà una estrangera i molarà un ou.

Jo crec que el Pastanaga, digui el que digui l'Antonieta, té molta personalitat.

5
La platja dels guiris

A la platja dels guiris no puc parar de mirar. La mama diu: «No miris», però se me'n van els ulls i acabo mirant, com quan vaig al zoològic. Al zoològic és massa, em quedo hores i hores mirant hipnotitzada com els ximpazés es barallen per un plàtan i es graten les puces i ensenyen el cul i els grans empaiten els petits i els petits s'enfilen al pal perquè no els estossinin els grans.

Als guiris, el primer dia, també me'ls quedo mirant i m'al·lucina com parlen —i s'entenen— les porqueries que mengen, els banyadors que porten, els tatuatges i els *piercings* que duen i, sobretot, els colors que tenen. La platja és com una capsa d'aquarel·les plena de guiris de coloraines. N'hi ha de taronges, de roses, de liles, d'escarlates, de vermells, de marrons i de negres. Hi ha famílies que fan molt bonic quan s'asseuen a sota del para-sol menjant porqueries, són com una pintura del senyor Miró.

El Pastanaga, que era el primer cop que trepitjava la platja dels guiris, ha al·lucinat per un tub. Natural. Però el Pastanaga és més mal educat que jo. No tan sols mirava sinó que assenyalava amb el dit i deia: «Òndia, mira!», i això ja fa més lleig i es nota més que estàs mirant.

Me l'he endut a l'aigua, per despistar-lo, i hem jugat a taurons. Quan ha sortit, ja no s'hi veia gens —perquè tenia els ulls plens de sal— i se li han passat les ganes de mirar.

La Sònia estava molt estúpida. Sempre és estúpida, però hi ha uns dies que ho és més que els altres.

Avui li ha sortit un gra al nas i del xiscle que

ha fet quan s'ha vist al mirall, ens hem pensat que l'havien assassinada.

El gra de la Sònia ens ha ocupat tot el matí: de primer ha intentat petar-se'l, després s'hi ha posat aigua oxigenada a raig, l'ha premut amb un cotó mullat amb alcohol, se l'ha empastifat de iode, i finalment s'ha tacat amb la mercromina. El gra havia desaparegut, però tant és, perquè de tant burxar-lo tenia la cara com un mapa. De natural ja és lletja, però avui estava horrorosa.

I, aleshores, és clar, no volia venir a la platja perquè ningú no la veiés, però el papa no s'ha volgut quedar a fer-li companyia, perquè havia d'arreglar la seva bicicleta, i la mama no l'ha volguda deixar sola a casa, perquè té por que li remeni les coses.

La Sònia, molt ofesa, ha dit que es quedaria al cotxe esperant-nos, però el Pastanaga li ha explicat que un cosí de l'Antonieta Vilaplana es va morir dins d'un cotxe mentre esperava la seva família. Es veu que feia tanta calor que es va ofegar.

La Sònia ha canviat d'opinió, s'ha tapat la cara amb la tovallola i ha vingut a la platja dels guiris.

Pel camí, com que no s'hi guipava, ha ensopegat amb un para-sol i ha caigut damunt d'una carmanyola de pèsols d'una família d'anglesos que estaven a punt de dinar —o de berenar o de sopar—. La mama l'ha renyat i la Sònia, mig plorant, li ha fumut un rotllo sobre la inseguretat que li creava el gra del nas i de com patia perquè, a més de sentir-se molt insegura, se sentia molt incompresa.

La mama —cosa estranya— ha passat d'ella. S'ha tret la samarreta i s'ha quedat en biquini. A la platja dels guiris duen biquini fins i tot les sardines, però la Sònia s'ha horroritzat i ha demanat a la mama que es posés un banyador perquè no tenia edat per anar ensenyant la panxa —perquè la tenia molt lletja— i l'estava avergonyint. Ha començat a fer-li una llista de totes les coses que l'avergonyien de la seva família, però la mama s'ha anat a banyar per no sentir-la i, aleshores, s'ha girat i me les ha explicades a mi.

La Sònia tenia un dia estúpid, i els dies estúpids de la Sònia es noten molt: quan arriba la nit, tens un mal de cap molt misteriós. És la veu de la Sònia —que és com un punxó— que t'ha anat burxant el cervell tot el dia. La veu de la Sònia és un fenomen de veu mortífera. Els dies estúpids no calla; ni res ni ningú és capaç de fer-la callar. Si callés, seria un miracle i avui, a la platja dels guiris, hi ha hagut un miracle.

Una pilota desorientada ha anat a aterrar al coco de la Sònia i l'ha feta callar.

Paraula.

La Sònia ha callat de cop.

No ha dit res i ha seguit amb cara d'odi la trajectòria de la pilota fins que ha topat amb un noi que duia un serrell molt ros damunt del front, un tatuatge molt *xorra* a l'espatlla i una pala de fusta a la mà.

Era el culpable, no hi havia cap dubte. I era alemany, perquè els alemanys sempre parlen com enfadats i escopint les consonants; i aquest ha vingut cap a la Sònia parlant com enfadat i escopint les consonants.

Jo la veia venir, el Pastanaga la veia venir. Tots vèiem venir la que li cauria a sobre al pobre noi alemany del serrell.

Tots coneixem la Sònia i pel capbaix li faria menjar la pala, la pilota i el tatuatge i li arrencaria un a un els cabells del serrell. Però, en comptes d'això, la Sònia ha callat. Això ha estat un segon miracle.

L'alemany vinga a bordar i escopir consonants, i la Sònia callada i vermella. Vermella com un guiri gamba sense haver pres ni gota de sol.

El Pastanaga, que com que és el meu còmplice està molt al cas de tot el que fa la Sònia, s'ha xivat.

—Li mola.

—Li mola que li tirin pilotes al cap?

—Li mola el guiri.

No podia ser, però ho era. Estava davant d'una oportunitat única. A la Sònia li molava un noi i, si jo no feia res..., no passaria res.

—Diu que si vols jugar a les pales amb ell.

M'ha sortit així, de cop. La Sònia se m'ha quedat mirant estupefacta. No sabia que jo parlés alemany, ni jo tampoc. Però la Sònia devia estar una mica convalescent per l'estabornida i s'ho ha empassat.

—Digues-li que no sé jugar a pales.

I aleshores jo va i... he parlat alemany. O sigui, he començat a bordar i a escopir i a dir paraules que em sonaven com *cartofen* i *iaa* i *dabuten* i *aufidersen* i *gutenmorguen*. L'alemany va i... m'ha escoltat —força descol·locat— i va i... m'ha contestat.

I jo m'he convertit en la intèrpret de la meva germana i el seu futur nòvio.

—Diu que és igual, que estàs molt bona i que no li importa que no sàpigues jugar.

La Sònia, que és una creguda, s'ho ha cregut. Ha somrigut al del serrell, ha agafat l'altra pala, ha recollit la pilota assassina del terra i li ha fumut un cop de pala.

La pilota ha anat a parar als morros de l'alemany. Plof. La Sònia s'ha posat a riure i l'alemany, mentre se li anaven inflant els morros, també ha rigut. Tots dos reien. La veritat és que feien molta pena.

L'alemany, després de riure, ha deixat anar un munt de grunys i jo he traduït el que m'ha semblat més lògic.

—Diu que tens molt bon estil i que podeu fer un partit a onze.

La Sònia ha fet un gest d'OK, s'ha allunyat unes passes, ha servit amb un estil penós i l'alemany li ha tornat la pilota.

Sorpresa.

La Sònia, que no s'esperava que la seva pilota tornés, s'ha quedat amb la pala enlaire, bastant ridícula, i s'ha posat a riure. L'alemany també ha rigut. I jo, enmig de tots dos i amb ganes de vomitar per tanta cursileria, he traduït:

—Un a zero. Serveix el guiri.

L'alemany ha servit, amb bastant més bon estil que el de la Sònia, i la pilota ha anat a parar al mar perquè la Sònia no l'ha vista passar ni ha tingut el més mínim interès a aturar-la. El Pastanaga, sol·lícit, ha corregut a buscar-la, i l'alemany ha fet uns comentaris que jo he traduït ràpidament a la Sònia.

—Diu que no se't nota gens el gra.

La Sònia ha dubtat uns instants. M'ha mirat amb ganes de voler-me afusellar; ha mirat l'alemany; s'ho ha repensat i ha tornat a riure.

Salvada!

La Sònia ha estat a punt de pescar-me, però en comptes de preguntar-me com dimonis havia après alemany en un matí m'ha xiuxiuejat amb veu de mosqueta morta.

—Digues-li que m'agrada el seu tatuatge.

Jo he obeït i he deixat anar quatre paraules amb moltes *cartofen* per entre mig i l'alemany que, ho juro, s'esforçava a escoltar-me i entendre'm, ha fet cara de sorprès i m'ha escopit un miler de consonants.

—Diu que, si vols, te'n farà un a la cuixa.

La Sònia s'ha mirat la cuixa. L'alemany ha mirat la cuixa de la Sònia. La Sònia, coqueta, li ha picat l'ullet , i l'alemany un altre cop a riure.

Tot anava superbé fins que la mare de l'alemany, una guiri-foca, ha fet quatre crits des de l'altra punta de la platja. No m'ha calgut traduir perquè parlava en el llenguatge universal de les mares —molt més antic que el dels sordmuts— i estava dient «a dinar». L'alemany s'ha girat cap a la Sònia i ha fet un gruny.

—Diu que se'n va a menjar les salsitxes.

L'alemany ha agafat la pilota, l'ha posada

dins la mà de la Sònia i ha deixat anar quatre frases llastimoses amb cara de besuc.

—Diu que li guardis la pilota, perquè ell la perd sempre.

L'alemany ha sospirat profundament, ha fet un gest amb la mà, com si s'espantés les mosques, i m'ho ha posat una mica difícil. Però jo no m'he tallat ni un pèl i he traduït:

—Demà continuareu el partit. Esteu tres a zero.

L'alemany ha fet un petó a la pilota, i la Sònia s'ha tornat a posar com un tomàquet. La Sònia, dreta, li ha fet adéu amb la mà, i l'alemany s'ha allunyat mirant-la i ha ensopegat amb una sueca. La Sònia ha ensumat l'aire com si fos el final d'un anunci de colònia, s'ha deixat caure de cul amb la pilota a la mà, s'ha burxat el gra i ha sospirat. No ha dit res més en tota la resta del dia.

A l'apartament, els papes s'han espantat de debò. La mama ha consultat una veïna que és infermera per si calia dur-la al metge i fer-li una radiografia del cervell. Tenia por que el cop de pilota li hagués afectat el coco.

Fa catorze anys que la Sònia no es passava una tarda callada. Mai ningú no havia vist la Sònia callada, amb una pilota a la mà, mirant cap a l'infinit, tocant-se un gra del nas i sospirant.

La infermera li ha pres la pressió, li ha tocat el bony i ha dit que no era greu, però que si tenia convulsions o vomitava l'hauríem de dur a urgències.

La Sònia no ha tingut convulsions, ni ha vomitat. S'ha adormit estrenyent la pilota tan fort que li ha quedat la mà rodona. A les vuit del matí ja estava llevada i ens ha despertat a tots perquè es feia tard per anar a la platja.

A les deu érem a la platja. La Sònia amb la pilota a la mà; jo disposada a fer de traductora i el Pastanaga, d'espia, a la sortida del càmping per avisar-nos tan bon punt s'acostés l'alemany.

S'han fet les onze i les dotze i la una i... cap a les dues el Pastanaga ha tornat vermell gamba tirant a escamarlà, amb el cap calent i regalimant suor. La mama li ha tocat el front, amoïnada, i ha dit que estava bullint i que era ben boig per haver-se passat el matí dret a ple sol i sense barret.

La mama ha agafat les claus del cotxe i ha començat a recollir les tovalloles.

Jo m'he vist en l'obligació de dir alguna cosa a la Sònia.

—Em sembla que l'alemany no vindrà.

La Sònia, que se sentia com una burilla —abandonada i trepitjada—, volia venjança i jo, naturalment, era la culpable de tot. S'ha aixecat feta una fúria cridant amb molta mala llet: «Tu calla, idiota!» i m'ha llançat la pilota amb tota la ràbia que ha estat capaç.

Jo, que la veia venir, m'he ajupit, i la pilota ha encertat de ple al cap del Pastanaga.

Al Pastanaga, sí que l'hem hagut de dur a urgències.

6
Vols ser el nòvio de la meva germana?

La setmana sense el Pastanaga se m'ha fet molt llarga. L'Antonieta Vilaplana s'ha acoblat a la meva família i ha vingut amb nosaltres a la platja dels guiris. Ha estat supersimpatiquíssima i m'ha deixat el seu *body board* a totes hores i m'ha dit que ja no volia ser anglesa, perquè les angleses quan es feien velles es tornaven boges i omplien la casa de gats, gossos i periquitos. Diu que ho va veure en un documental i, com que és molt sincera, m'ho he cregut.

A les tardes hem anat amb el patinet i m'ha ensenyat un carrer que fins ara era seu i que també el puc fer servir jo si vaig amb ella. És un carrer que només de mirar-lo fa vertigen, però la gràcia del carrer no és el desnivell, és el gat.

Es tracta de baixar amb el patinet i de passar per davant del cinquè xalet sense que el gat siamès dels holandesos de la casa se't llanci a sobre. Sempre està ajagut damunt les reixes del jardí, a l'aguait. Es llepa les potes i pren el sol fent veure que passa de tot, però tan bon punt sent el soroll del patinet es posa dret i salta. Tot alhora. No pots dir si salta abans de posar-se dret o, si es posa dret, mentre salta. Abans d'arribar al xalet dels holandesos sents un mèu espaordidor i et cau al damunt una bola de pèl estarrufat i plena d'ungles per tot arreu.

La gràcia no està que t'esgarrapi, això no em fa cap gràcia; la gràcia està a esquivar-lo i aconseguir que el gat es fumi de lloros. Cal molta tècnica i pel camí t'enduus una dotzena d'esgarrapades, però val la pena. El gat no sap perdre i, quan no t'enxampa, es posa d'una mala lluna increïble, si fa no fa, com el papa quan es troba unes calces de la Sònia al menjador.

El carrer es mereix un deu, però he dit a l'Antonieta que li posava un nou, perquè no li pugin els fums. Tampoc no li he volgut dir que tornàvem a ser amigues. Si ho dic, em comprometo i m'estimo més no tenir compromisos. He descobert que si no som amigues l'Antonieta s'ho *curra* més, s'esforça a ser simpàtica i no és tan sincera.

A mi, el que em sembla és que vol substituir el Pastanaga i ser la meva còmplice, per això em diu cada quatre minuts: «Si tens cap secret, me'l pots explicar». Però he callat com una morta per respecte al Pastanaga i perquè no m'acabo de refiar de l'Antonieta. És ben capaç de plantar-se davant la Sònia i dir-li que és una pesada i que li estem buscant nòvio.

Confesso que un dia vaig estar a punt de xerrar-ho. Tenia moltes ganes d'explicar-li que la Sònia s'havia tornat somnàmbula i em volia assassinar. Però em vaig recordar del meu jurament i de la sang. El Pastanaga tenia raó. La sagnada fa respecte. Vulguis que no, si t'has tallat una mà per un amic i hi has barrejat la sang, el secret no se t'escapa tan fàcilment.

No he dit res en tota la setmana i he aguantat fins que el metge ha donat l'alta al Pastanaga —que no sé si vol dir que ha crescut—, i els seus pares l'han deixat sortir.

El Pastanaga ha mudat de pell com una serp i ara és blanc, tan blanc que fa una mica de vergonya passejar amb ell pel carrer, tothom es gira per mirar-lo, perquè canta molt en un poble de platja on tothom està negre. Mentre ens menjàvem un gelat, li ho he explicat tot des del principi.

La mateixa tarda que ell era a l'hospital a punt de morir-se, la Sònia, sense sentir-se gens ni mica culpable per haver-li fumut el cop de pilota, se'n va anar caminant tota sola fins al càmping de l'alemany —li va importar un pebrot caminar un quilòmetre— i va estar interrogant tothom, com una espia russa, fins que va ensopegar amb la Lissy, una anglesa que xampurrejava francès i que coneixia l'alemany del serrell i del tatuatge perquè havien estat veïns de tenda. Li va explicar que l'alemany es deia Hans, que tenia quinze anys, que vivia a Berlín i que se li havien acabat les vacances i no tornaria més a Torredembarra.

La Sònia va tornar a casa fatal i va comunicar a tothom que es volia suïcidar. El papa li va donar un ganivet i li va dir que es tallés les venes, però que si us plau sortís al carrer perquè no volia que s'embrutés la catifa del menjador ni que deixés la banyera feta un fàstic.

De vegades, el papa mola i aquell dia em va deixar molt impressionada. La Sònia va llançar el ganivet al terra i ens va acusar de voler desfer-nos d'ella, que la seva família desitjava que es morís per no veure-la més. A mi se'm va escapar que sí i vaig rebre. Em va clavar un bolet davant de tothom.

La mama, que estava amoïnada pel Pastanaga, li va demanar que deixés de fer el numeret, i la Sònia em va mirar amb cara d'odi i va anunciar davant de tothom que era somnàmbula i que no responia del que fes quan estava somnàmbula.

És impossible dormir a la mateixa habitació d'una persona que t'odia i que et comunica que és somnàmbula. És una coartada magnífica. Si la Sònia m'assassinés i em fes bocinets, el jurat diria: «Pobreta, era somnàmbula. Innocent.»

No he dormit cap nit. I la Sònia no ho deia en broma. Es passejava com un fantasma per l'habitació, udolant i repetint que el Hans és, i ha estat, l'únic amor de la seva vida i que jo sóc la culpable que no tingués temps de donar-li l'*e-mail*.

Però el que no saben els papes és que es passava el matí roncant. L'he descoberta avui, quan he tornat de la platja, perquè m'havia deixat el rasclet. Estava *sobant*, tan tranquil·la, amb la finestra oberta i la música a tota pastilla.

El Pastanaga, com que ha pogut dormir de dia i de nit, té el cervell molt fresc, i li funcionen totes les neurones.

M'ha dit que, si la muntanya no anava a Mahoma, Mahoma anava a la muntanya —o a l'inrevés?— i que, si la Sònia no volia sortir de casa, el que havíem de fer era repartir la seva foto als nois del poble i dir-los on vivia.

—I l'alemany? —li he recordat—. Li hem de treure del cap el Hans.

—Digues-li que té una nòvia.

M'he quedat superimpressionada. El Pastanaga és un coco. M'he escurat les butxaques i l'he convidat a un altre gelat.

Hem anat a casa i, d'amagat, hem pispat la bossa de la Sònia. Ens hem tancat al lavabo i, després de remenar-la ben remenada —quanta merda!—, hem trobat tres fotografies seves. Les tres són horroroses. No crec que cap noi que vegi una foto de la Sònia tingui el valor d'atrevir-se a conèixer-la, però el Pastanaga opinava que no estaven malament i ha triat la foto on ensenya les cuixes i està rient. Ha dit que semblava una mica simpàtica i una mica fresca. De camí cap a casa seva farà fotocòpies a la llibreria i dirà que carreguin la factura als diaris del seu pare.

A la nit, mentre sopàvem, m'he fet la simpàtica. He preguntat al papa per la seva bicicleta —que li fa molta il·lusió perquè l'ha arreglada tot sol— i, com que a casa mai ningú no li pregunta res, s'ha enrotllat molt i m'ha explicat que demà farà una excursió fins a Poblet. La Sònia s'ha empipat perquè el tema de conversa no era ella. Totes les nits parlem del seu somnambulisme i s'ha malacostumat. He passat d'ella i he preguntat a la mama per les seves partides de cartes. M'ha dit que ja havia desplomat totes les amigues i que cap amiga volia jugar amb ella i parlant, parlant, s'ha animat i m'ha demanat que convidés un dia el Pastanaga per jugar una partideta de cartes. La Sònia estava negra, però aleshores m'he girat cap a ella, de sorpresa, i li he dit que m'he trobat la Lissy pel carrer.

—Ah sí?

—Sí, i m'ha dit que enyora molt el Hans.

La Sònia s'ha ennuegat amb la verdura.

—Què has dit?

—És que eren nòvios... No ho sabies?

Ja sé que ha estat un cop molt dur i que no hauria de dir mentides, però ha funcionat.

La Sònia s'ha tancat a l'habitació, ha plorat deu minuts, ha sortit amb els ulls inflats i ha jurat que no volia veure una sola pilota en tota la resta de la seva vida i que, si els americans —que són molt aficionats a bombardejar— bombardejaven Alemanya, ella els ajudaria.

L'Antonieta ha volgut saber on anàvem el Pastanaga i jo amb tant de misteri. Es notava molt. Portàvem un paquet de fotocòpies dins d'una bossa i fèiem cara de còmplices. Ens hem empescat la bola que anàvem al dentista i que de seguida tornàvem.

S'ha mosquejat.

Als xiringuitos de la platja ens hem posat a la feina.

—Hola, vols ser el nòvio de la meva germana?

El tio ha fet cara d'al·lucinat. Jo he aprofitat i li he deixat la fotocòpia de la fotografia de la Sònia a la mà.

—Es diu Sònia, és molt simpàtica i al darrere de la foto hi ha l'adreça.

L'he deixat mirant-se la foto i llegint l'adreça.

Tots han picat, tots han acabat mirant la foto. Ha estat *xupat,* com repartir propaganda, però més fàcil perquè ningú no m'ha tornat la foto ni m'he trobat cap foto a la paperera. No sé, potser demà hi emboliquin l'entrepà, però ja l'hauran vista.

Ho he fet com un bilió de vegades. Al començament he triat els nois que li podrien agradar a la Sònia. He preferit els que duien serrell o algun tatuatge. Però després he anat a sac. Tot el poble té la foto de la Sònia.

He arribat a casa bastant tard perquè he volgut ensenyar al Pastanaga el carrer del gat. Allà ens hem trobat l'Antonieta, encara una mica mosquejada, que ens ha barrat el pas dient que el carrer era seu, però no ha insistit gaire i ens ha deixat mirar-lo. I mirant, mirant, ens hem animat i hem acabat picant als timbres de tots els xalets fins que els francesos del final de tot ens han llançat una galleda d'aigua al Pastanaga i a mi.

L'Antonieta s'ha salvat de la remullada perquè baixava amb el patinet, però, com que s'ha divertit veient com el Pastanaga i jo *pringàvem,* s'ha sentit venjada per no dir-li el nostre secret i ens ha convidat a anar al minigolf demà. La seva mare ens paga una tarda al minigolf amb la condició que no posem els peus a casa seva.

Ens ha confessat un secret. La seva mare té un nòvio, un nòvio separat. No he picat l'ham. L'Antonieta ens ha explicat el seu secret, perquè nosaltres li expliquem el nostre.

En arribar a l'apartament, m'he trobat un petit merder. El papa, que havia sortit amb la bici de bon matí, ha trucat pel mòbil avisant que havia punxat i que s'havia perdut. És al mig d'un bosc i li sembla que és a prop d'un poble que es diu Farena, perquè és el darrer indicador de la civilització que ha vist des de fa hores.

Ara la mama l'ha d'anar a buscar i està bastant empipada amb el papa perquè va escampant per tot arreu que la que no té sentit de l'orientació és ella. Quan el trobi, la sentirà.

M'ha dit que m'acompanyava a casa del Pastanaga, perquè no em volia deixar sola.

—I la Sònia?

La mama, sense donar-li importància, m'ha explicat que un noi l'ha vinguda a buscar i que la Sònia ha sortit a passejar amb ell, però la Sònia no l'amoïna, ja té claus i li ha deixat una nota dient que s'espavili.

No m'ho podia creure. Un noi!!!

Ho hem aconseguit!!! Ha funcionat!!!!

He fet un milió de bots d'alegria, però de seguida m'he aturat bastant avergonyida. I, si al meu pare se li acaba la bateria del mòbil, i la mama no el troba mai? No he sabut si havia d'estar contenta o amoïnada. Fa ràbia això de no saber com t'has de comportar. És com quan t'expliquen una desgràcia i se t'escapa el riure. He preguntat a la mama si era greu això del papa i si es podia morir. M'ha dit que no, que era una ximpleria.

El pare del Pastanaga no pensa el mateix que la mama. El pare del Pastanaga és voluntari de la Creu Roja i s'ha pres molt a pit la desaparició del papa. Ha dit que s'havia d'avisar els mossos d'esquadra i fer una batuda pel Montsant. I ho ha fet. Ha agafat el telèfon, s'ha posat en contacte amb el mòbil del papa i ha parlat amb ell amb veu de salvament.

—No es mogui d'on és! Té coets? O foc?... Doncs encengui una foguera. Si cal, avisarem l'helicòpter.

I vinga a donar ordres. Ha estat massa. La mama s'ha posat tan nerviosa que ha demanat una cigarreta, però per sort no en tenien, i la mare del Pastanaga li ha preparat una til·la. Mentrestant, el pare del Pastanaga s'ha disfressat de voluntari i ha agafat una motxilla carregada de benes, injeccions, mascaretes d'oxigen i tisores.

De sobte m'he adonat que era molt greu, que estan buscant el papa perdut i que potser quan el trobin estarà mig moribund i li hauran de fer el boca a boca i lligar-lo dalt d'una llitera i pujar-lo en un helicòpter. És un rescat!

Han arribat els mossos d'esquadra, i la mama ha volgut anar amb ells i m'ha deixat sola i trista. Com en una pel·lícula de la tele.

Jo i el Pastanaga ens hem quedat sols i muts mentre la seva mare preparava el sopar a la cuina. Aleshores..., m'han vingut ganes de riure, de riure *tonto*, però de riure. Jo volia estar trista, però no podia. I se m'ha començat a escapar el riure per sota el nas... Cada cop més fort, més fort, fins que no he pogut més i he rigut.

El Pastanaga m'ha dit una cosa molt trista, perquè em passés el riure *tonto*.

—Hi ha bledes per sopar.

Ha fet efecte. Quan la seva mare ens ha servit les bledes, estava bastant deprimida. A les pel·lícules sopen pizzes, no bledes. He dit que no tenia gana, però no ha colat. Me les he hagudes de menjar totes.

El Pastanaga i jo ens hem entès sense paraules. He entès perquè vol que l'adoptem a casa meva. El seu sí que era el secret més ben guardat de tots els secrets. M'ha confessat que totes les nits sopa bledes.

És... horrorós.

El rescat ha acabat a la una de la matinada. Al final no hi ha hagut ni helicòpter, ni batuda, ni gossos. El papa ha arribat cabrejadíssim per tot el cacau que s'ha muntat; la mama nerviosa perquè el papa s'havia enfadat, i el pare del Pastanaga encantat de la vida i amb ganes de fotre's un bon plat de bledes.

Resulta que, seguint les instruccions del

pare del Pastanaga, el papa ha encès una foguera, amb quatre branquillons, com quan era *boy scout*, però el foc s'ha escampat molt de pressa i ha començat a envoltar-lo i quan s'ha adonat que allò era un incendi li ha agafat un patatús perquè no donava l'abast a trepitjar branques ni a esbatussar matolls amb la camisa. Per sort només estava a tres-cents metres del poble de Farena i al cap d'uns minuts han aparegut tots els pagesos, l'alcalde i el delegat de la caixa, amb galledes d'aigua. Han apagat el foc en un tres i no res i l'han esbroncat per ser un piròman i provocar incendis forestals.

Els mossos d'esquadra han arribat poc després, amb les sirenes engegades i la mama histèrica, i l'han renyat per la seva imprudència d'anar sol amb bicicleta i sense mapa. I, a sobre, el pobre ha hagut de passar un reconeixement mèdic que li ha fet el pare del Pastanaga.

El papa ha entrat a l'apartament traient

foc pels queixals i, aleshores, li ha caigut al damunt la Sònia.

Ens havíem oblidat de la Sònia. Ni tan sols jo hi havia pensat més, ni en la Sònia ni en la fotografia, ni en el noi que l'havia anat a buscar. Com podia perdre el temps pensant en la meva germana mentre estaven rescatant el papa i el meu millor amic m'estava posant el cap com un timbal amb històries de ciclistes perduts i devorats pels porcs senglars del Montsant?

Però la Sònia ens estava esperant feta una magdalena i una fúria. M'ha acusat de posar-la en ridícul, de convertir-la en la riota de tots, de fer-li passar el pitjor moment de la seva vida i de salvar-se pels pèls d'un tarat. Ho sabia tot. Sabia que tots els nois de la seva edat tenien la fotocòpia de la seva fotografia —una fotografia horrible, deia— i que hi havia el seu nom i l'adreça i que jo havia anat escampant per tot arreu que buscava nòvio...

He tingut sort, molta sort. Els pares, tots dos alhora, li han dit:

—Calla!

Ho han dit tan conjuntadament i amb tanta mala llet que la Sònia s'ha espantat i ha callat.

He dit que dormiria al sofà per no molestar la Sònia amb el seu somnambulisme. I ho he fet. No les tenia totes. Mentre intentava adormir-me, de sobte, m'han vingut unes ganes molt *tontes* de riure.

He pensat en les bledes.

7
La meva germana és una persona humana?

M'han castigat. Els papes m'han castigat a desparar la taula cada migdia, a escombrar el terra de la terrassa i a fer el llit de la Sònia.

I tot perquè resulta que la Sònia és una persona humana.

I jo què sóc? Un foxterrier?

La Sònia té molts sentiments, i jo he ferit els seus sentiments. Està plena de sentiments pertot arreu. Els sentiments ferits de la Sònia són aquests:

1) A la foto ensenyava les calces.
2) Ningú no l'estima.

3) A la foto se li veia l'empastament negre.
4) A Torredembarra no té amigues.
5) La foto li feia el nas gros.
6) Ningú no l'escolta.
7) A la foto no estava depilada.
8) Tot Torredembarra sap que no té nòvio.
9) A la foto duia la samarreta vermella que és horrorosa.
10) La seva família vol que es mori.
11) La foto és de l'any passat.
12) Vol que els nois s'enamorin de la persona humana que és i no de la seva foto.

I quan la Sònia ha dit això, que ella era una persona humana..., i jo he preguntat molt educadament què volia dir i la Sònia m'ha contestat: «Tu calla, idiota». La mama ha intervingut al seu favor i m'ha dit A MI: «Alícia, val més que callis.»

No ho sé, però sospito que la mama està enfadada perquè aquest matí han trucat cinc nois a la porta que demanaven per la Sònia i se li ha cremat el rostit. Que consti que la Sònia els espiava d'esquitllentes i cada cop que la mama els feia fora sortia a la finestra, feia veure que hi era per casualitat, i deixava caure un bolígraf o una goma, com per casualitat, perquè la miressin.

No ho entenc. Si la Sònia té tants sentiments ferits —que hauria d'estar a la UCI per culpa de la fotografia que jo he repartit— per què es fa la interessant cada cop que algú s'interessa per la fotografia que fereix els seus sentiments? Què és una persona humana?

El papa m'ha dit que les persones tenim una carcassa que es fa malbé amb el temps —que és el que es veu—, i que per dins tenim la nostra humanitat —que no es veu— i que per això som humanes. Quan la Sònia diu que és una persona humana, vol dir que li importa més el que no es veu que el que es veu.

—I què té la Sònia per dins? Vull dir que no es vegi?

El papa ha callat com un mort. Ha estat pensant molt, però ha callat.

Jo sé el que tinc a dins, tinc ganes de tenir un *body board,* de guanyar un premi i de ser la germana del Pastanaga. I el papa té a dins ganes de viure com un indi salvatge i la mama té a dins jugar a les cartes i prendre el sol. I la Sònia?

—Em sembla que la Sònia té a dins el seu nas, el seu nas, el seu nas, els seus cabells i el seu cul. Jo no hi veig res més.

El papa m'ha dit que no. Que no era veritat, que la Sònia tenia moltes altres coses.

—Quines altres coses?

Ha callat un altre cop.

He confessat al Pastanaga que no entenc els adolescents ni els adults ni sé què és una persona humana.

El Pastanaga tampoc. I tampoc no sap el que té la Sònia a dins, però ell té moltes idees.

Ja no sé si vull que el meu còmplice em doni idees, qui rep per culpa de les seves idees sóc jo; però he picat, sóc molt curiosa.

—Quina idea?

—EL MÒBIL!!!

Ha dit que si la Sònia s'enrotllava pel mòbil amb un desconegut, i el desconegut no li veia la cara, el desconegut estaria parlant amb la humanitat de la Sònia —no sabem quina— i s'enamoraria de la persona humana que figura que és.

No està malament. Certament està bé.

Però jo no vull que em castiguin més ni que la Sònia somnàmbula m'assassini una nit qualsevol. Li he dit que jo em rento les mans i li he passat la responsabilitat a ell. El Pastanaga m'ha jurat que si es descobreix el pastís donarà la cara i dirà que ha estat idea seva.

En un tres i no res ha arreplegat un paper i un retolador, m'ha demanat el número del mòbil de la Sònia i ha escrit un cartell, com els que fem a l'escola quan hi ha excursió. Jo l'he llegit per damunt de la seva espatlla i he donat el vistiplau.

Si ets un noi entre 15 i 17 anys
i et vols enrotllar amb una persona
humana (noia),
truca al mòbil 626296150

L'ha penjat en un xiringuito de la platja i ens n'hem anat a jugar al minigolf. L'Antonieta ha posat les seves regles. Com que paga ella —la seva mare—, ha dit que té dret a deu tirades per forat, i jo i el Pastanaga a cinc. Hem regatejat i hem pogut arribar fins a set. Nosaltres hem tirat set cops, i ella deu.

L'Antonieta ens ha fumut una pallissa de

campionat, però hem demanat la revenja i una orxata per a cadascun. L'Antonieta n'ha comprat dues —una per a ella i una per a nosaltres dos— i ens ha dit que nosaltres, com que érem clònics, ens la prenguéssim a mitges; ella, sencera. Jo he dit la pura veritat: que em feien mania les baves del Pastanaga. El Pastanaga s'ha ofès i l'Antonieta, la molt tacanya, ens ha demanat dues palletes. Després hem jugat.

L'Antonieta ha tornat a guanyar.

Jo he protestat, i el Pastanaga ha callat perquè és molt sensible i he ferit la seva sensibilitat dient això de les seves baves. L'Antonieta —*xinxa't,* xinxeta— m'ha rebaixat les tirades a sis per protestar i, al Pastanaga, li ha pujat a vuit, perquè jo estigués gelosa. L'Antonieta estava guanyant, estava a punt de tornar a guanyar per tercera vegada. El Pastanaga estava desinflat i deprimit perquè perdia i perquè em feien fàstic les seves baves i jo em sentia fatal per només tenir sis tirades i haver estat tan sincera amb el Pastanaga. I en aquells moments hem vist passar la Sònia, molt animada, disfressada d'estiuejant i parlant pel mòbil.

Ha passat per davant del minigolf a mig pam dels nostres nassos en direcció a la platja, però encara que ens hagués passat pel damunt no ens hauria vist. No tenia ulls per ningú, mirava a través del mòbil. Mirava dins de la veu que sentia des de l'auricular i que li parlava com una persona humana.

El papa tenia raó. La Sònia té humanitat.

El Pastanaga i jo ens hem quedat de pedra i hem fet el mateix alhora. Hem plantat l'Antonieta i hem seguit la Sònia.

La Sònia crida bastant quan parla, però crida molt més quan vol ser simpàtica. Hem pogut pescar frases seves.

—«Rossa»... «Rossa fosc»... «Quan era petita, era rossa.»

La Sònia té una humanitat rossa? Jo esperava tenir una revelació sobre la persona huma-

na que s'amagava dins la Sònia i, la veritat, m'ha decebut força. Si la humanitat de la Sònia és el color dels seus cabells, no sé... prefereixo la humanitat sanguinària de l'Antonieta. Com a mínim és més emocionant.

Hem pescat «ulls marrons amb reflexos verds» —mentida—, «talla 36» —mentida— i «no siguis guarro» —no sé perquè...

La Sònia s'ha quedat parlant a la sorra de la platja fins que un noi desmanegat i ple de grans, amb un mòbil a la mà, s'ha anat acostant cap a ella, se l'ha quedada mirant una estona i, finalment, s'ha assegut al seu costat. A partir d'aquí han començat a parlar fluixet i no hem pescat res. Estaven d'esquena a nosaltres, mirant el mar, i hem estirat tant el coll que ens ha agafat torticoli.

Però no passava res. Només parlaven. Vinga parlar. *Bla, bla...*

Ens estàvem avorrint i hem decidit tornar a casa.

El Pastanaga i jo hem arrencat el cartell

que havíem penjat al xiringuito, ja no calia, i hem marxat molt contents. Ha funcionat de conya.

Pel camí li he dit que les seves baves no em feien fàstic i que era un estratagema perquè l'Antonieta ens convidés a dues orxates i no a una. Quina altra cosa li podia dir si havia aconseguit que la Sònia, la persona humana de la Sònia, trobés un noi humà que s'enrotllés amb la seva humanitat?

El Pastanaga s'ha ficat un xiclet a la boca, l'ha mastegat una mica, se l'ha tret amb la mà bruta i me l'ha donat. M'he mig mort de fàstic, però me l'he ficat a la boca. Ha somrigut i hem tornat a ser amics.

A casa, la mama ens ha fet jugar a cartes. Ens estava esperant amb la baralla remenada i la taula a punt. Es moria de ganes de jugar a cartes i qualsevol persona que hagués trucat a la porta, ni que fos la policia de trànsit per posar-li una multa, hauria acabat jugant a cartes amb ella.

Jo no he dit res al Pastanaga. He pensat que ja s'adonaria, però el molt *tonto* no s'ha adonat fins el tercer set i mig de la mama. M'ha comentat molt baixet.

—És com si fes trampes.

I és clar! No és «com si fes trampes», és que la mama és una tramposa, per això ningú no vol jugar amb ella. Té les cartes marcades.

El Pastanaga ha al·lucinat per un tub i ha dit que era massa. Que mai no havia vist una mare fent trampes i que les feia superbé i que semblava una crupier professional i que era la partida més emocionant que havia fet a la seva vida.

El Pastanaga i la mama estaven tan enderiats amb la partida que cap dels dos ha fet el més mínim cas a la Sònia quan ha arribat amb els ulls inflats, ha agafat un kleenex de damunt la taula i s'ha mocat sorollosament perquè la sentíssim.

En qualsevol altre moment la mama hauria picat, però amb una baralla de cartes a les mans no. Ha mirat el Pastanaga i ha dit:

—Em planto.

La Sònia ha esperat uns instants, per si de cas la mama aixecava els ulls i la veia, però la mama ha començat a repartir de nou i aleshores la Sònia ha girat cua cridant.

—A ningú no li importa el que em passa!

—A mi sí!

He cridat de seguida. I era veritat, de debò. Què havia passat amb la seva persona humana?

Però m'he quedat sense resposta.

—Tu calla, idiota!

I s'ha tancat a la seva habitació donant un cop de porta, d'aquests que fan sortir escletxes a la paret.

El papa ha sentit el soroll, és clar, i hi ha entrat per preguntar-li què li passava. Ho he escoltat tot des de l'altra banda de la porta. La Sònia crida molt.

Es veu que el noi que ha conegut pel mòbil —per casualitat— era un d'aquests *pavos* estranys que es tornen bojos pels llibres rotllo i que no paren de parlar de llibres. La Sònia, que no suporta els tarats que llegeixen i que, a més, s'encaparren a fer llegir als altres, es veu que s'avorria la tira i ha volgut parlar de coses més interessants. Aleshores li ha preguntat al tarat dels llibres —que ha conegut pel mòbil per casualitat— si el seu nas era com el de la Nicole Kidman o el de la Penélope Cruz. I el noi li ha dit que no li ho sabria dir perquè no s'hi havia fixat. La Sònia ha somicat

—Com és possible estar parlant amb algú que no es fixa en el teu nas?

El papa ha callat.

Al cap de poca estona el papa ha sortit blanc de l'habitació de la Sònia. M'ha vist i m'ha confessat que ell quan era petit era un nen feliç i que no entenia els nens ni les nenes d'ara.

Pobre papa, ha de ser molt dur descobrir que la teva filla gran no és una persona humana.

8
Per què? Per què?

Han vingut els tiets a passar el cap de setmana i la Sònia ha dit: «Quin pal», perquè ella ja és gran i no es diverteix amb les bromes del tiet.

El tiet sempre fa la mateixa broma, fa veure que es talla un dit i que el perd, el busquem i no el trobem i després diu: «És aquí!» i amb un dit de l'altra mà fingeix que se'l posa i se'l treu. És molt autèntic, sembla de veritat. La seva filla, la Meritxell, que té tres anys i duu pipa, s'ha pixat de riure i li ha demanat que ho repetís fins a cinc mil milions de vegades.

Per què són tan morbosos els nens petits?

A la platja hem flipat amb la *supercolxoneta* del tiet. El Pastanaga, la Meritxell i jo ens hem enfilat tots tres a dalt i hem jugat al *Titànic* —el tiet era l'iceberg—, però l'única que s'ha ofegat ha estat la Meritxell —que no s'ha volgut morir— i com que s'ha empassat molta aigua no l'han deixat banyar-se més. I aleshores, la molt podrida, ens ha pres la *colxoneta* perquè ha dit que era seva.

Per què són tan egoistes els nens petits?

Al migdia hem encès la barbacoa a la terrassa i la veïna del costat ha vingut a protestar, perquè el fum entrava al seu menjador i se li estaven fumant les cortines i els canelons. La mama i la tieta, que han preparat la sangria i l'han tastada molt, anaven fent que sí, però s'havien de tapar la boca per no riure. Un cop ha marxat la veïna totes dues han caigut al sofà, recargolant-se i plorant de riure, com dues ximpletes.

A l'hora del vermut, el tiet ha explicat l'acudit verd que explica sempre, fins i tot jo me'l sé d'altres anys, però el papa s'ha ennuegat amb una oliva de tant riure.

Em fa il·lusió veure la meva família tan alegre. La Sònia no compta, és clar.

Per què, a la meva família, li fan gràcia les estupideses?

Havent dinat, la mama ens ha obligat a jugar a cartes. Els tiets són bona gent i han fet veure que no sabien que la mama fa trampes. Hem fet una partida de botifarra i la mama ens ha deixat a tots escurats. Aleshores, com que havia guanyat i estava engrescada, ha decidit que ja era hora de treure la pipa a la Meritxell. Li ha pres la pipa amb habilitat, i li ha dit que estava molt bruta i que l'anava a rentar, i des de la cuina ha fet un crit. Ha tornat de seguida, amb cara d'espantada, i ha explicat que la pipa s'havia escolat pel forat de l'aigüera i que havia anat a parar al mar.

La mama és molt sàdica. Li agrada treure les pipes de les nebodes i arrencar les dents de llet dels veïnets. Sempre que un nen de l'escala té una dent que es mou, i comet la imprudència de passar per casa, la mama, amb cara de bona persona, li demana: «A veure?» I abans que s'hagi adonat, catacrec, ja no té dent.

La Meritxell m'ha fet pena. S'ha cregut de debò que la pipa s'havia escolat canonada avall i que navegava alegrement cap al mar.

Ha volgut sortir a la finestra per veure el mar i se l'ha estat mirant fixament, entrellucant els ulls, fins que ha cridat, molt emocionada, que ja la veia. Es nota que és la meva cosina i que també té molta imaginació. El tiet li ha promès que més tard aniríem a dir-li adéu, perquè ara ja és una nena gran.

La Meritxell, pobreta, ha dit que si era gran volia beure aigua vermella, com els grans, i li han deixat tastar la sangria —que ha anat a parar a terra perquè l'ha escopit— i s'ha posat molt contenta perquè ja era gran i ha cantat dues cançons dalt d'una cadira. Ha desafinat la tira, però l'hem aplaudida, s'ha emocionat, ha trontollat i ha caigut de la cadira.

Per què els nens petits sempre es fan mal?

La Meritxell s'ha clavat una nata de les bones, s'ha posat a plorar i ha demanat la seva pipa. Aleshores la mama, una mica atabalada, l'ha buscada i no l'ha trobada. No recordava on l'havia amagada. Paraula. Ho hem regirat tot, fins i tot hem mirat dins del dipòsit del vàter, i la pipa no ha aparegut.

La Meritxell ha fet una marraneria tan grossa que ha tornat a entrar la veïna pesada per saber si l'estàvem maltractant.

El tiet ha proposat de sortir a passejar per veure si la distrèiem. La Sònia ha dit: «Jo no hi vinc» i a mi m'han nomenat cangur de la Meritxell. La Meritxell volia anar de cap al mar per rescatar la pipa i, com que jo no la deixava, m'ha estirat els cabells, m'ha mossegat, m'ha llançat sorra als ulls i m'ha clavat un parell de puntades de peu.

Per què són tan agressius els nens petits?

Els meus pares i els tiets han passat de tot. Anaven un quilòmetre davant meu, es giraven cada mitja hora i em deien: «Compte amb la Meritxell, que no prengui mal». Que són cecs? Qui estava prenent mal era jo.

Però ells com si res, fent el burro, que els tenia al davant i els veia. Es feien la traveta i s'empentaven. El papa i el tiet, que sempre es piquen, han acabat fent una cursa fins al semàfor, i el tiet ha estat a punt de tenir un infart. Ha guanyat el papa —que sempre era el primer de petit— i mentre jo l'animava perquè guanyés, m'he despistat i, quan he mirat al meu voltant, la Meritxell ja no hi era.

Per què sempre es perden els nens petits?

A les tardes, pels carrers de Torredembarra, hi ha milers de persones passejant i menjant gelats. Els papes i els tiets s'han esverat força i m'han fumut una bona esbroncada. Hem fet una batuda per tota la zona i jo he tingut molt mala consciència una estona, però m'ha passat de seguida perquè la mama ha trobat la Meritxell dins d'una geladeria gorrejant gelat de maduixa a uns estrangers.

M'han obligat a donar-li la mà i hem tornat cap a casa.

A la porta de casa m'estaven esperant l'Antonieta, un noi que no conec, i que m'ha dit que es deia Cristian, i el Pastanaga. L'Antonieta, molt misteriosa, m'ha convidat a parlamentar en un racó i, sense que els altres ens sentissin, m'ha demanat «sisplau-porfa» que anés al cine amb ella i el Cristian, que és un *pavo* insuportable, i que, ves per on, és el seu germanastre perquè el seu pare, el pare del Cristian, i la seva mare, la mare de l'Antonieta, són nòvios. És superantipàtic. Només sap dir: «Quin pal! Jo no hi vinc» i «tu calla, idiota».

Li he aclarit que era un adolescent, com la meva germana, i que l'acompanyaria al cine amb la condició de no asseure'm al costat del Cristian perquè ja en tenia prou amb la Sònia.

L'Antonieta em volia fer un petó, però el que no sabia l'Antonieta era que el petó li hauria d'haver fet jo a ella perquè m'ha salvat de la Meritxell.

Per què els enemics acaben sent bones persones?

La mama ha dit que si jo marxava, la Sònia hauria de fer de cangur de la Meritxell perquè ells volien sortir a fer una copa, aleshores la Sònia s'ha presentat al menjador, a la velocitat de la llum, i ha muntat un ciri dient que ella no es volia quedar amb la salvatge de la Meritxell i que, si jo anava al cine, ella també.

Per què la Sònia sempre ho espatlla tot? Per què?

La Sònia, amb tot el morro, s'ha autoconvidat; sense demanar permís ni a mi, ni a l'Antonieta ni a la mama ha agafat la bossa, ha sortit al replà de l'escala i ha ensopegat de nassos amb el Cristian.

Tots dos s'han quedat mirant.

No s'han deixat de mirar en tota la pel·lícula i, quan han encès els llums, el Pastanaga i jo ens hem quedat garratibats.

La Sònia i el Cristian s'estaven morrejant.

Ens han engegat a la merda i han desaparegut.

Per què les coses passen quan no te les esperes?

L'Antonieta s'ha posat supercontenta. Ha dit que ha estat una xamba poder desfer-se del tarat del Cristian i que s'ha quedat tan descansada com si li haguessin tret una punxa del peu, però que compadeix la Sònia perquè el seu germanastre és la cosa més insuportable que hi ha sobre la terra.

En aquest punt el Pastanaga i jo ens hem mirat i hem coincidit a llançar la tovallola. Li hem explicat el nostre secret a l'Antonieta. No sé si hem fet ben fet. M'ho he de rumiar aquesta nit.

Hem fet mal fet.

L'Antonieta ha fet córrer la veu que, gràcies a ella, la Sònia i el Cristian han lligat. La seva mare li ha regalat una bici i el seu padrastre l'ha convidada a Port Aventura a passar un cap de setmana.

La Sònia i el Cristian somriuen, sospiren i ja no diuen «tú calla, idiota». La Sònia em fa un petó de bona nit abans d'adormir-se i demana les coses «sisplau».

Ahir va demanar a la mama «sisplau» si la deixava anar a Port Aventura amb la Vilaplana, el seu nòvio, el Cristian i l'Antonieta.

No m'ho puc creure.

L'Antonieta s'ha fet la *xula* i ha dit que el

Pastanaga i jo érem uns fracassats i que en canvi ella era un fenomen, perquè el seu pla ha funcionat en una tarda.

Quin pla? L'Antonieta no tenia cap pla!!!

Tot ha estat una xurra.

Per què? Per què? Per què darrerament em faig tantes preguntes?

Perquè la vida és això, una xurra, i no entenc res.

I si no, que li ho preguntin a la Meritxell que va trobar la seva pipa surant al mar.

9
La síndrome d'Estocolm

La Sònia no hi és. Se n'ha anat amb la família Vilaplana a Port Aventura.

Ara la Sònia té nòvio, i jo no hauré de tallar-me un peu ni casar-me amb el Pastanaga quan sigui gran.

M'he quedat molt descansada. La mama i el papa també.

Estem tan descansats que tot se'ns fa estrany. L'apartament sembla el doble de gran. Ens hem adonat que la Sònia ocupava molt de lloc. Vull dir, que sempre era a tot arreu —al lavabo, al menjador, a la cuina, a l'habitació— i ensopegaves amb ella o amb una porta tancada gairebé sempre. I si ella no hi era, ensopegaves amb les seves coses perquè ocupava totes les taules, sofàs, cadires, calaixos i penja-robes de l'apartament amb les seves calces, samarretes, revistes, maquillatges i compactes.

L'apartament fa eco. Ara sentim la cadena del vàter i la tele dels veïns. Falta el soroll de la Sònia que era com el fil musical en estèreo d'un ramat d'elefants a l'estampida; la seva veu *bla*, *bla*, *bla;* el seu mòbil ring, ring; els seus cops de porta patapam; els seus crits «Ahhhh» i la seva música xumba-xumba.

A taula no hem dit res. Ningú no ha protestat pel dinar, ni ha llançat el got a terra, ni s'ha queixat per haver de desparar taula.

Hem estat bastant feliços. Però avorrits. Les emocions fortes són com la nicotina —això ho diu la mama— i la Sònia era tan alta en nicotina que a l'hora de les postres ens hem posat a parlar de la Sònia. És el costum.

És horrible! No sabem parlar d'una altra cosa!

No pot ser. La Sònia no hi és, i parlem d'ella. He d'omplir l'apartament amb alguna cosa que no sigui la Sònia: un gat siamès, un gos, un conill, un nen... El Pastanaga!!!

Als meus pares els ha semblat una molt bona idea convidar el Pastanaga a casa mentre la Sònia no hi sigui. El troben un noi encantador i no hi han posat cap pega. Els seus pares, tampoc.

És un somni. La Sònia fora i amb nòvio i el Pastanaga vivint a casa, com el meu germà adoptiu. Jugarem, jugarem, jugarem...

A la tarda ha arribat el Pastanaga, però, en comptes de jugar amb mi, ha proposat a la mama de fer una partida de cartes. La mama s'ha posat molt contenta i a mi se m'ha entravessat que el meu excòmplice fos tan pilota i que em deixés tirada a la primera de canvi.

És molt fort! És que gairebé ni m'ha mirat!! Se n'ha anat cap a la taula de la terrassa i s'ha posat a remenar la baralla mentre la mama disposava una filera de macarrons.

Jo era allà al mig, esperant que el Pastanaga em somrigués o em piqués l'ullet o em digués hola.

Però no.

Jo no hi era, més ben dit: era com si fos invisible. No em veien i jo, mentre els mirava, els he trobat molt *tontos,* a tots dos. Quin gust hi troben a jugar a cartes si la mama ja sap que guanyarà i el Pastanaga ja sap que perdrà?

M'han convidat a jugar per complir i he pensat que em feia molt pal i he dit: «Quin pal!» i m'he tancat a l'habitació fent una mica de soroll en tancar la porta.

Però ells no han vingut a preguntar-me per què havia dit quin pal ni han pensat gens en mi.

No s'adonen que han ferit els meus sentiments? És tan difícil d'entendre? El Pastanaga és amic meu, no de la mama!!! És antinatural!!

M'he sentit molt desgraciada mentre escoltava la mama i el meu amic que reien i passaven de mi. Potser fins i tot reien de MI!!!

M'han vingut ganes de plorar i he posat música per no sentir-me tan sola. La música de la Sònia no està gens malament. M'ha agradat. Per primer cop he escoltat les lletres i trobo que diuen coses que molen, però el papa m'ha espatllat la festa quan ha entrat, de mala manera, a dir-me, de mala manera, que baixés el volum de la porqueria de música aquesta. M'ha sortit de dins.

—Si no t'agrada sentir-la, no l'escoltis.

El papa s'ha quedat molt sorprès que li contestés d'aquesta manera. Però jo no he estat maleducada. El maleducat ha estat ell. Jo no he pogut fer-hi res. M'he posat de mal humor sense voler i no m'he pogut controlar.

La mama i el Pastanaga m'han interromput una mica més tard per dir-me que se n'anaven al Caprabo i que si volia acompanyar-los.

M'ha fet ràbia, molta ràbia. No m'han consultat abans, ells han decidit que anaven al Caprabo i no m'han preguntat on volia anar JO. Potser vol dir que JO no existeixo, que he deixat d'existir a casa meva.

A més, no m'agrada anar al Caprabo a triar llaunes de tonyina. He dit:

—Jo no hi vinc.

I va... i se n'han anat.

Com és possible?

En comptes d'entendre que jo preferia anar a un altre lloc i demanar-me on em vindria de gust anar, han malentès que jo no hi volia anar.

I ni tan sols hi ha l'Antonieta. En el fons l'Antonieta no era tan dolenta. La puc entendre, se sentia fora de l'ou, incompresa. El Pastanaga i jo l'hem marginada molt.

No tinc amics, ni amigues.

Millor. Prefereixo estar sola.

La tarda se m'ha fet molt llarga i mot tris-

ta. He estat pensant força en mi i crec que la mama no m'estima. És claríssim que prefereix un nen pilota i descafeïnat com el Pastanaga que li riu totes les gràcies i flipa amb ella.

El papa tampoc. Ell no em volia, no volia tenir una filla. Vaig ser la segona i repetida. Esperava que jo fos un nen i, com que no he estat un nen ni m'agrada anar en bicicleta, l'he decebut i no té cap interès en mi.

És molt penós descobrir-ho en un moment tan important de la meva vida. Ara que podria passar-m'ho de conya, perquè la Sònia ja no em molesta, resulta que tot es gira en contra meu.

Fins i tot sóc lletja.

Sí, sóc baixeta i tinc un nas boterut —pitjor, molt pitjor que el de la Sònia— i estic massa prima i tinc el melic sortit i... Horror! Tinc pèls a les cames i..., no pot ser..., m'està sortint un gra al front... M'he mirat al mirall i m'he deprimit.

He remenat els calaixos de la Sònia i m'he

emprovat la seva roba. Ella sí que té bon gust. Jo vaig vestida com una Teletubbi. Mentre m'estava canviant, el Pastanaga ha volgut entrar i li he tancat la porta als nassos... Em volia veure les calces?

A la nit, mentre sopàvem, el papa ha dit que ha tingut una idea.

He intentat posar-me de bon humor. El papa pot tenir idees divertides.

Però no.

Ha dit que, a les tardes, el Pastanaga i jo farem dues hores d'anglès amb les cassets de «Dream English».

M'he ennuegat amb la sopa. No és possible el que he sentit. Volen esgarrar-me les poques vacances que em queden?

De debò pensen que cap nen del món seria capaç de dir que sí a una proposició tan sàdica?

El Pastanaga, el pilota del Pastanaga, el traïdor del Pastanaga, va i diu que sí.

—Així ens entendrem amb els guiris, oi, Alícia?

I jo, l'ALÍCIA, l'he fulminat amb la mirada i he dit:

—Tu calla, idiota!